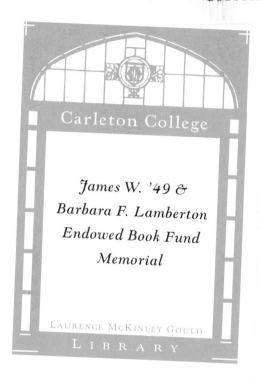

España y los españoles

Colección dirigida por
Antonio Vilanova

España y los españoles

Juan Goytisolo

Prólogo de Ana Nuño

Lumen

Palabra
en el Tiempo

310

Diseño gráfico: Ferran Cartes / Montse Plass

Publicado por Editorial Lumen, S.A.,
Ramon Miquel i Planas, 10 - 08034 Barcelona.

Reservados los derechos de edición en lengua castellana
para todo el mundo.

Primera edición en Palabra en el Tiempo: 2002

© Juan Goytisolo, 1969

Depósito legal: B. 9.285-2002
ISBN: 84-264-1310-2
Printed in Spain

042704-1624x5

Prólogo

Si damos por válidas las tesis de Tzvetan Todorov en un conocido ensayo[1], los franceses conciben dos modos de aceptar lo ajeno. En función del mayor o menor grado de diferencia con los propios que exhiban los rasgos culturales del extraño, los franceses aceptarán a éste en la medida en que lo que distinga sus respectivas costumbres tienda a cero, o bien, por el contrario, apreciarán preferentemente aquella cultura que manifieste la mayor distancia posible respecto de las idiosincrasias francesas. La primera clase de xenofilia, característica del patriotismo, es propia de quien ve en su propio estado el modelo paradigmático de toda cultura y busca o proyecta en los otros sus peculiaridades, y el autor búlgaro sitúa su origen en una «regla de Herodoto» inferida de la descripción por el historiador griego de los hábitos de los persas en sus tratos con otros pueblos. En cuanto al impulso que lleva a buscar y aceptar antes lo lejano que lo próximo, Todorov atribuye uno de sus posibles orígenes al Homero que, en la *Ilíada*, hace de los conjeturales *abioi*, cuyo nombre mismo denota un extrañamiento radical de cualquier forma de vida, «los hombres más justos que haya». Este segundo modo de aceptación del y de lo extranjero vendría a ser el cañamazo de todas las manifestaciones del exotismo.

---

1. Tzvetan Todorov, *Nous et les autres. La réflexion française sur la diversité humaine*, Seuil, París, 1989.

El autor de esta tipología da por sentado, como si constituyera una realidad no problemática, aquello mismo que la hace posible: la postulación de una identidad estable o, cuando menos, de fácil identificación en cuanto a sus rasgos esenciales, en el sujeto así indirectamente descrito, en ese tácito «mismo» cuya mirada construye al «otro». Ello es posible porque dicho sujeto no es una esencia que haya que defender y reafirmar cada vez que se enfrenta a otro que amenace con cuestionarla o invalidarla, sino un ente histórico cuyas señas de identidad se hallan sometidas a examen, revaluación y modulaciones diversas, precisamente en la medida en que actúa sobre los otros y es actuado por ellos. Los franceses, dicho de otro modo, se saben siempre franceses, con independencia de que cada uno de ellos pueda individualmente modular, mediante la acentuación o atenuación de tales o cuales rasgos constitutivos, dicha identidad con la que se identifica. Es precisamente la existencia de una «francidad» más o menos flexible cuyos rasgos todos y cada uno de los franceses son libres de compartir lo que constituye al pueblo francés en sujeto de un relato histórico, y aun de varios, y lo que lo autoriza a postular un «otro» más o menos próximo o lejano, afín o disímil, aceptable o demonizable. Parecidas reflexiones, por lo demás, podrían ensayarse, con los inevitables correctivos, respecto de la construcción del referente identitario en culturas alejadas mucho o poco de la francesa, como la china o la inglesa.

El caso español es mucho más complejo que el descrito por Todorov y, desde el punto de vista que nos interesa destacar aquí, simétricamente inverso al francés. La «españolidad», lejos de ser un referente en el que la mayoría de los españoles acepte reconocerse, es una entidad problemática, abierta a discusión y disenso, y una y otra vez puesta en tela de juicio o sometida a revisión. Pero ello no es fruto, como a primera vista pudiera antojársenos, de una mayor aptitud a la autocrítica, sino, paradójicamente, de una extrema rigidez en la constitución y definición misma de la identidad de los españoles. Durante los últimos cinco siglos, desde el momento en que los Reyes Católicos impusieran el dogma nacionalcatólico en sus reinos y comenzara la poda radical de los brotes que no se ajustaban a su estrecho y rígido fuste, la identidad cultural o «el ser» de los españoles, para utilizar una expresión cara a los noventayochistas, ha ido constituyéndose no como sujeto de uno o varios discursos históricos, sino como objeto de una búsqueda de identidad más o menos angustiosa y perentoria, condenada al fracaso y la repetición. Quiere esto decir, si aceptamos el esquema propuesto por Todorov, que lo que singulariza a los españoles es un prolongado y pertinaz afán de tratarse a sí mismos como si fueran otros, y que la construcción de la identidad del español ha consistido de larga data en una operación de obsesiva y minuciosa tasación y medición de lo que lo acerca o aleja de un modelo esencialista explícitamente impuesto y no de un marco histórico sometido a variaciones y ajustes, como es el caso del modelo identitario francés. El español ha sido, durante un prolongado período, objeto de una ideología, no sujeto de una Historia.

La «regla de Herodoto» y la «regla de Homero», puede decirse, se aplican ambas en España a los mismos españoles, concebidos así como extraños a sí mismos, literalmente como sujetos *enajenados*. Aunque, en honor a la verdad, ha de agregarse en seguida que lo que más ha abundado en la historia de esta extraña relación de los españoles consigo mismos es la imposición de la primera regla, la de aquellos persas que trataban mal o bien a los pueblos extraños en función de su mayor o menor grado de parecido, cercanía o parentesco con la versión ortodoxa de su propia cultura; para no remontarnos más allá, de Menéndez Pelayo divi-

diendo a los españoles en los bandos de la ortodoxia y la
heterodoxia a García Morente elevando la «retórica del
gesto» del caballero cristiano a esencia inmutable del auténtico español, pasando por el Ganivet de *Idearium* y su reco-
mendada «sangría» para restaurar la salud de España o la
equiparación de españoles y romanos por Menéndez Pidal.
En acusado contraste, los casos de «exotismo» aplicado a la
recuperación de provincias enteras de la cultura y civilización españolas abolidas por los «persas» han sido, a la par
que escasos, a menudo desdeñados, escarnecidos y relega-
dos. Además de la obra del gran orientalista Asín Palacios
y de las investigaciones filológicas e históricas de Américo
Castro o Francisco Márquez Villanueva, en esta reducida
nómina se inscribe de pleno derecho una parte de la obra
ensayística de Juan Goytisolo.

El moro y el judío, el morisco y el converso, y también
el gitano o el quinqui, son figuras emblemáticas de culturas y modos de vida perseguidos, proscritos, censurados o
marginalizados durante siglos en todos los ámbitos en que
se manifiesta la vida de los españoles, de los oficios a los
hábitos culinarios, de la lengua a la literatura y el arte, y,
en suma, en todo aquello que constituye, para decirlo con
Américo Castro, su «morada vital». La doctrina o dogma
que a finales del siglo XV y comienzos del XVI comenzó a
reducir lo español al puñado de rasgos que caracterizaba
exclusivamente a la limitada casta de los cristianos viejos,
ha tenido nefastas consecuencias para el posterior desarrollo y evolución de este país. Recordar una y otra vez
esta verdad histórica, una y otra vez negada por la España
y Españas oficiales, ha sido el empeño de Juan Goytisolo a
lo largo de cuatro décadas, como antes lo había sido de
Américo Castro, el más profundo y esclarecedor historiador español del siglo XX, cuya obra, inconcebiblemente,
aún hoy no cuenta en su país natal con una edición crítica
normalizada.

Además de irrigar profundamente la obra literaria de

Juan Goytisolo, sobremanera desde su *Don Julián*[2], el empeño en rescatar a las culturas y modos de sentir y vivir de aquellos otros españoles de un «memoricidio» oficialmente programado ha llevado a este autor a escribir un original conjunto de textos de reflexión en torno a la especificidad del «caso» español. Desde *El furgón de cola* (1967), donde el autor sitúa su empresa de desmitificación y desecho de los viejos ídolos de la tribu en la fugaz estela dejada por Larra en el XIX y reivindica la ejemplar trayectoria de Cernuda a contracorriente de sus contemporáneos, hasta los ensayos y artículos recogidos en *Cogitus interruptus* (1999)[3], Goytisolo ha adoptado el sano principio de ir recogiendo en volumen esta parte de su obra, dispersa en periódicos, revistas, actas de seminarios y coloquios, cuando no de predicar con el ejemplo contra la amnesia que ha marcado a lo largo de siglos las relaciones de los españoles con su historia y literatura, exhumando del olvido, como también lo hiciera Vicente Llorens, la ejemplar obra y vida de José María Blanco White. Con ello enriquece Goytisolo, desde luego, nuestra percepción de su narrativa, pero asimismo acrecienta y expande el efecto que estos textos estaban originalmente destinados a producir, un efecto comparable, como opinaba Octavio Paz de la escritura periodística de Salvador Elizondo, al de «la explosión de una bomba de oxígeno en el *polumo* ideológico que nos asfixia». Difícil concebir mejor definición que ésta de la función del intelectual.

---

2. *Don Julián*, Galaxia Gutenberg/Círculo de Lectores, Barcelona, 2001, es la edición definitiva, revisada por el autor, de *Reivindicación del Conde don Julián*, Joaquín Mortiz, México, 1970.

3. El más reciente *Pájaro que ensucia su propio nido* (2001) reúne artículos y algún inédito escritos en torno a otras preocupaciones igualmente esenciales del universo ideológico de este autor: las aporías y limitaciones de la transición y reciente democracia españolas, la pervivencia de la pacatería y censura en el ámbito de lo sexual en España, las relaciones entre Islam y Occidente, la reciente guerra en los Balcanes, el doble rasero y la hipocresía de la moral «revolucionaria», los estragos del culto al mercado y el neoliberalismo.

Es en este contexto donde se sitúa el volumen *España y los españoles*. Originalmente editado en alemán[4], es el único libro de reflexión unitario y monográfico que Goytisolo ha consagrado al asunto de la evolución histórica de España y de la representación de los españoles. Esto sólo bastaría para convertirlo en un clásico, y si no ha logrado esta condición, ello se debe, cabe pensar, a la postergación durante una década de su primera edición española. Finalmente, en 1979 apareció en España aquella rareza, un libro alemán sobre los españoles obra de Juan Goytisolo, que la censura imperante hasta la muerte del dictador y aún durante unos años más hubiera a buen seguro desautorizado. Américo Castro, que conocía muy bien la realidad y alcance no sólo de la censura sino también del tradicional «ninguneo» español, alababa la publicación en alemán de esta obra en términos inequívocamente doloridos y burlones: «su libro, por vez primera, sitúa el problema español en el centro de Europa, y es gran cosa que haya salido primero en alemán, *«in einer überhaupt wissenschaftlichen Sprache»*.[5] Para la segunda edición y primera en castellano, a cargo como la presente de la editorial Lumen, el autor escribió un capítulo adicional, «De cara al futuro»,[6] que se imponía forzosamente en una obra concebida como un relato cronológicamente hilvanado de los acontecimientos y avatares más notables de la historia de España.

La importancia de *España y los españoles* se deriva asimismo del lugar que ocupa este libro en el conjunto de las obras de su autor, la narrativa incluida. Se trata, en efecto, de la primera de todas en que la lección de

---

4. *Spanien und die Spanier*, Verlag C. J. Bucher, Lucerna y Frankfurt/M, 1969.

5. *El epistolario (1968-1972)*. *Cartas de Américo Castro a Juan Goytisolo*, Pre-Textos, Valencia, 1997, p. 92.

6. El lector familiarizado con los artículos escritos por Goytisolo en el inmediato posfranquismo sin duda reconocerá, injertos en este agregado epilogal, sendos fragmentos de dos de ellos: «In Memoriam F. B. B.» y «Hemos vivido una ocupación». Ambos aparecen recogidos en *Libertad, libertad, libertad*, Anagrama, Barcelona, 1977, y *Pájaro que ensucia su propio nido*, *op. cit.*

Américo Castro aparece a plena luz, asimilada ya y reconocida su seminal influencia. Desde este punto de vista, puede decirse que es una obra pórtico, y por partida doble. Por un lado, anuncia la rigurosa labor de rescate historiográfico que conducirá a su autor a exhumar la obra inglesa de José María Blanco White y la del mismo Castro, y que hallará natural prolongación en sus fascinantes y renovadoras lecturas del canon literario español, magistralmente alejadas de las estériles lecciones impuestas desde las cátedras españolas y borreguilmente propagadas por la crítica, de Juan Ruiz, *La Celestina*, Delicado y el *Cancionero de obras de burlas*, a la picaresca y el *Quijote*, pasando por san Juan, y, por otro lado, resume y condensa una primera aproximación a las versiones de esa tan castigada otredad de España que informan, a partir de *Don Julián*, toda su obra narrativa.

Obra de encrucijada, por consiguiente, dispuesta en la trayectoria del escritor e intelectual como un Jano bifronte. Pero también obra cuya escritura, en su limpidez y claridad, opera una suerte de catarsis dramática. Es fácil imaginar, en cualquier caso, que algo parecido a este efecto debió de ocasionar en aquel escritor de treinta y cinco años, *nel mezzo del cammin* y ya entonces con unas nada despreciables obra literaria y trayectoria de compromiso político a sus espaldas. Porque *España y los españoles* no es tan sólo un repaso crítico a la diversa y atormentada historia de este país realizado desde las tesis de Américo Castro, es también y sobremanera ese balance clarificador y puesta en perspectiva del telón de fondo sobre el que actúa su obra que todo escritor, en un alto del camino, siente alguna vez la imperiosa necesidad de emprender. Análisis del sempiterno «problema de España», ciertamente, pero que ahora, leído a la luz de la originalísima obra posterior de Goytisolo, adquiere la añadida enriquecedora dimensión de un velado autoanálisis. El autor nos dice, *sotto voce*, que no se puede a la vez ser español y escribir una obra literaria o de pensamiento de cierto calado y alcance sin reflexionar sobre España. Pero hacerlo, añade, conduce inevitablemente a reconocer el sustrato mítico sobre el que se yergue la aparente realidad histórica de este país. «Mientras los franceses no consideran como tales a los antiguos habitantes de la Galia, ni los italianos juzgan italianos a los romanos o a los etruscos, para los españoles no cabe la menor duda de que Sagunto y Numancia son gestas suyas (claro precedente, dirán, de la resistencia nacional a Napoleón), del mismo modo que Séneca era "andaluz" y "aragonés" Marcial, como si el perfil actual de los españoles no fuese un hecho de civilización y cultura, sino una "esencia" previa que hubiera marcado con su sello a los sucesivos moradores, paisanos nuestros ya quinientos años antes del nacimiento de Cristo.»[7]

La «matizada occidentalidad de España», que Castro atribuía a una coexistencia durante ocho siglos de musulmanes, judíos y cristianos verdaderamente inédita en el contexto europeo contemporáneo, es el sustrato no mítico sino real, mas censurado y reprimido, de «la peculiar civilización española, fruto de una triple concepción del hombre, islámica, cristiana y judaica»[8]. La tragedia histórica de España ha sido, a su vez, fruto de aquella otra empecinada labor de negación de su realidad histórica. Y es tragedia porque ha impedido e impide aún a muchos españoles concebirse a sí mismos como sujetos libres de la Historia. Condenados durante siglos a no ser más que vicarios personajes de fábulas esencialistas que declinan obsesivamente un solo y mismo acontecimiento histórico —el que se saldó con el dominio de una casta sobre las otras— en proteicas manifestaciones de rechazo de la otredad —la

---

7. «*Homo hispanicus*: el mito y la realidad», *España y los españoles*, Lumen, Barcelona, 2002, pp. 23-24.
8. *Ibíd.*, p. 25.

pureza de sangre, la uniformidad del credo, la infalibilidad
del relato oficial, la proscripción del disenso—, los españoles acabaron convirtiéndose, literalmente, en verdugos de
sí mismos.

Quien no empieza por aceptar al otro de sí mismo,
quien traza sus señas de identidad borrando de ellas
cuanto pueda ofender o contradecir la idea de sí prendida
ab aeternum en el cielo de los arquetipos ideológicos, ése
se condena, además de a desconocerse y, enajenado,
arrastrar una vez y otra la piedra de Sísifo de una tan elu-
siva cuan abstracta identidad, a no ver siquiera al otro
real. Juan Goytisolo ha señalado en más de una ocasión
el hecho de que España, a diferencia de Inglaterra,
Alemania, Francia o Italia, no haya dado grandes orienta-
listas ni arabistas y estudiosos del Islam, así como que
hayan tenido que ser otros, historiadores ingleses, esta-
dounidenses o franceses, quienes escriban su propia historia. Ésta es una evidencia dolorosa, que algunos se atre-
ven aún hoy a refutar. «Tengo por máxima irrebatible
—escribía Rousseau en el *Emilio*— que quien no haya
visto más que un pueblo, en lugar de conocer a los hombres, conoce tan sólo a las gentes con las que ha vivido.»
Y los españoles han vivido durante siglos encerrados consigo mismos, y ni siquiera: con una determinada idea de
sí mismos.

El atraso acumulado por España en tantos campos de
la inteligencia y el saber tiene una de sus más robustas
raíces en la incapacidad a que han sido tan a menudo lle-
vados los españoles de saberse sujetos de una historia, la
suya propia, y capaces de adueñarse de ella y hacerla
propia libremente. «Que sea el hombre el dueño de su
historia», concluye un poema de Jaime Gil de Biedma.
Juan Goytisolo es esa *rara avis* que no sólo «ensucia su
propio nido», sino que lleva cuatro décadas empeñado en
pensar y escribir en tanto que sujeto y no como pasivo objeto de todo aquello que constituye la posibili-

dad misma —y a menudo la imposibilidad— de pensar y escribir en España. Es ese «adueñarse de su historia» la lección que entraña su obra, una de cuyas manifestaciones más explícitas y claras está vertida en las páginas de este libro.

ANA NUÑO

Presentación

«Me horrorizan los mitos», dijo Henri Michaux en el curso de una conversación. «Habría que volver a cuestionar todo lo que envejece y pasa al mito. Hasta la misma Francia, al cabo de unos años, debería cambiar de nombre, por honestidad, para desembarazarse del mito *Francia*.»

Tratando de «España y los españoles» he recordado a menudo esta reflexión del gran poeta francés. No se podría definir mejor y con menos palabras la tarea a que se enfrenta el escritor: luchar sin piedad contra el mito, contra todo lo que envejece y se convierte en mito, contra toda información histórica y cultural que se pega a la piel del hombre, y lo entorpece, lo petrifica, lo falsifica. Amargo destino el de las palabras: su aparente salud no es más que una grosera ilusión. A medida que lentamente pasan los siglos se va esfumando su contenido original, su significación primera y real. Como ocurre con algunas estrellas, la luz que recibimos de ellas no existe ya: el astro que la emitía ha muerto hace muchos años. No queda más que la forma vacía, la sombra de algo que existió. España, el término «España», no abarca por entero la realidad proteiforme de la Península. También es un mito, una palabra que ha envejecido y contra la cual el escritor debe emprender la guerra: una guerra desigual, un combate contra las quimeras, parecido al que libró el caballero don Quijote contra los amenazantes molinos de viento.

Y, sin embargo, el mito existe: ahí está, fruto de la labo-

riosa elaboración del tiempo. En nombre de este mito la
casta militar de Castilla se impuso a las minorías divergen-
tes y a las zonas periféricas de la Península a finales del
siglo XV. Bajo los Reyes Católicos, el ideal castellano, religioso y guerrero, lleva sucesivamente a la unidad nacional, a la
desaparición del último reino árabe, a la expulsión de los
judíos, al descubrimiento y a la conquista de América, a las
guerras religiosas emprendidas en Europa en nombre de la
Contrarreforma. Es un mito que, por su poder, produce un
milagro comparable al de la victoriosa guerra santa de los
árabes iluminados por la palabra de Mahoma: durante más
de un siglo, la realidad parece ceder y doblegarse ante su
sola presencia, y, en los dominios españoles de Felipe II,
«jamás se pone el sol». Asombroso vigor del mito, que
sobrevive a la ineluctable decadencia del poder militar
español. Los españoles más clarividentes, empezando por
Quevedo, comprueban la ruina del país: ruina provocada
por el mito, cierto, pero ruina gloriosa, embellecida a su vez
por el mito y sostenida por él. En medio de una realidad
decrépita, que se deteriora más y más, el mito se mantiene
intacto y no quiere echarse atrás. Mito sin duda condenable,
pero mito generador de distinciones y diferencias: abismo
infranqueable entre España y el resto del mundo, circuns-
tancia elevada a la categoría de «esencia». Unamuno, y en
general toda la generación del 98, se mantendrán, en el
plano estético, fieles a esta identificación arbitraria, y en
1936, la mitad de los españoles se alzarán, una vez más,
para defenderla, atrincherados detrás del mito como tras su
última razón de ser.

Mito real, por tanto, que da un aspecto inevitablemente
engañoso al término «España» y actúa permanentemen-
te sobre la realidad nacional. Pero esta realidad —comple-
ja, cambiante, contradictoria— encaja difícilmente en el
molde uniforme y estático de la palabra «España». Y aquí
se plantea una cuestión: ¿en lugar de hablar de España, no
sería mejor hablar de las Españas? El desequilibrio pro-

fundo que existe entre los diversos países de la Península es camuflado bajo la ambigüedad genérica de una etiqueta común. La realidad española de Cataluña no es la
misma que la de Galicia, ni coincide la de Andalucía con
la del País Vasco. En tales condiciones, ¿no es ceder a una
simplificación grosera, a una perezosa facilidad, hablar
de España en singular, enmascarando así la existencia de
unas realidades distintas? La pregunta es pertinente y exi-
giría una respuesta afirmativa. No existe una sola España,
sino varias Españas de diferentes niveles económicos,
sociales y culturales: toda tentativa de reducirlas a un
denominador común nos lleva a sacrificar la realidad a
la arbitrariedad del método. Mejor que sobre España y
los españoles, hubiera sido escribir sobre las Españas y los
españoles de cada una de ellas (castellanos, catalanes,
vascos, gallegos). El lector tendrá que perdonarnos por no
hacerlo: no disponemos de suficiente número de páginas.
En el proceso de elaboración de las formas de vida propias
a cada región de España, una de ellas, Castilla, ha ejercido
una influencia determinante. Hacia Castilla, pues, se diri-
girá preferentemente nuestro análisis. Durante tres siglos,
los valores de la sociedad castellana se impusieron (no sin
graves dificultades) a la casi totalidad de los españoles,
y hay que llegar al siglo XIX para comprobar la aparición
(debido a razones sociales y económicas que examina-
remos más adelante) de movimientos centrífugos en
Cataluña, en el País Vasco, en Valencia, etc. Del mismo
modo, para el estudio de la evolución actual de España,
nuestras consideraciones se referirán, casi exclusivamente, a las zonas industriales más avanzadas del país; su
radio de acción se extiende, año tras año, a costa de la
España arcaica y coagulada en la inmovilidad, en virtud
de un fenómeno de identificación bien conocido por los
sociólogos: la adopción por mimetismo de los valores de la
sociedad industrial por una sociedad más primitiva, aunque ésta no posea las bases económicas, sociales y cultu-

rales que le permitan existir. De la misma manera que
Castilla impuso su peculiar modo de vida al resto de
España entre los siglos XVI y XIX, la España industrializada
de hoy está llamada a ejercer una influencia cada vez
mayor sobre la España agraria: la descripción de ésta debe
tener, por tanto, en cuenta dicha influencia.

Tenemos, pues, ante el término «España» una conciencia
muy clara de su ambigüedad, de las realidades contradicto-
rias que encubre. Existe un mito de España, y debemos
admitir su existencia para poder definir luego nuestra posición respecto a él. Nuestra actitud no será receptiva ni pasiva, sino crítica. Actualmente, el prodigioso desarrollo de los
medios de información (libros, revistas, carteles, radio,
cine, televisión) ha contribuido a crear una imagen-tipo de
España que actúa sobre la conciencia colectiva de las sociedades llamadas de consumo. Aunque no hayan puesto
jamás los pies en España, el europeo o el americano medio
poseen una serie de clisés o de imágenes mentales que
reflejan y refuerzan, al mismo tiempo, la permanencia del
mito: espíritu caballeresco, donjuanismo, donquijotismo o,
incluso, Semana Santa, corridas de toros, flamenco, etc. El
lector encontrará en este libro la descripción de cada una
de estas imágenes y, también, su contrapartida crítica: la
apariencia y la realidad, el mito y el antimito. Para llevar a
cabo la tarea de desmitificación, hemos intentado evitar, en
la medida de lo posible, el peligro que generalmente acecha
a las empresas de este tipo: la caracterización psicológica
abstracta e intemporal, el recurso a los «valores esenciales»,
a las categorías metafísicas. Digámoslo de una vez por
todas: no existen caracteres españoles eternos. La España y
los españoles de hoy no son los mismos de hace diez, cincuenta o cien años. Los diversos modos de vida nacionales
han sido elaborados por la historia, se transforman y evolu-
cionan con ella.

Una última advertencia, que es también una disculpa.
La vastedad del tema nos hace omitir una serie de aspec-

tos importantes de la realidad española considerada globalmente. El autor se ha visto obligado a efectuar ciertas eliminaciones, algunos cortes arbitrarios. De otro modo, el libro no hubiera podido escribirse. Forzosamente, en la elección de los temas a tratar entra en juego un factor subjetivo, lo cual comporta unas preferencias y unas antipatías que el lector es libre de compartir o rechazar. Una obra es reveladora de su autor tanto por lo que dice como por lo que calla. Nos tomaremos, pues, la libertad de pedir a los eventuales críticos que se atengan al texto escrito, y no se extiendan a la enorme cantidad de materias que no son tratadas aquí: océano de hechos, de realidades, de datos que rodea a la obra y, en definitiva, modela sus contornos.

Homo hispanicus: el mito y la realidad

Hasta fecha muy reciente, la casi totalidad de nuestros historiadores consideraban la Península Ibérica como un espacio abstracto, habitado, desde sus orígenes más remotos, por unos pobladores que, dos mil años antes de la existencia histórica de España, milagrosamente, eran ya «españoles»: tartesios, íberos, celtas, celtíberos. Cuando fenicios, griegos, cartagineses y romanos desembarcan en ella, los invasores tropiezan con la obstinada resistencia de los autóctonos (Sagunto, Numancia) antes de españolizarse a su vez y devenir, sucesivamente, «españoles»: así, para Menéndez Pidal, Séneca y Marcial eran escritores españoles y Ortega y Gasset nos habla del «sevillano» emperador Trajano. De este modo, España habría recibido, como el cauce de un río, el aporte de diferentes corrientes humanas que, siglo tras siglo, habrían engrosado y enriquecido su primitivo caudal, desde los fenicios a los visigodos. Cuando estos últimos sucumben ante los invasores africanos, la destrucción de su reino es ya la destrucción de España. Consecuentemente, la Reconquista iniciada a partir del siglo VIII en las montañas astures es, *ab ovo*, la resistencia de España.

Curiosamente, esta absurda ficción ha obtenido durante siglos la unánime aceptación de los españoles. Mientras los franceses no consideran como tales a los antiguos habitantes de la Galia, ni los italianos juzgan italianos a los romanos o a los etruscos, para los españoles no cabe la menor duda de que Sagunto y Numancia son gestas suyas (claro precedente, dirán, de la resistencia nacional a Napoleón), del mismo modo que Séneca era «andaluz» y «aragonés» Marcial, como si el perfil actual de los españoles no fuese un hecho de civilización y cultura, sino una «esencia» previa que hubiera marcado con su sello a los sucesivos moradores, paisanos nuestros ya quinientos años antes del nacimiento de Cristo. A decir verdad, la búsqueda de un linaje histórico glorioso por parte de nuestros historiadores recuerda a la de ciertos hombres de negocios sospechosamente enriquecidos que, para hacer olvidar los orígenes turbios de su fortuna, se fabrican una genealogía que remonta a la época de las Cruzadas. Este afán de magnificar nuestros orígenes coincide, en efecto, con el secreto deseo de borrar una afrenta: la continuidad española, mantenida de tartesios e íberos hasta nuestros días, sufre, misteriosamente, una interrupción. Cuando el ejército visigodo de don Rodrigo es derrotado en el Guadalete por las huestes de Tariq y de Muza, los invasores árabes no son ni devendrán nunca españoles a pesar de haber permanecido sin interrupción en la Península por espacio de ocho siglos. Con la toma de Granada por los Reyes Católicos en 1492 se cierra un largo paréntesis de la historia de España: la casi simultánea expulsión de los judíos no conversos y la que operará con los moriscos en 1610 en aras de la unidad religiosa de los españoles equivalen, según el criterio oficial, a la eliminación del *corpus* del país de dos comunidades extrañas que, no obstante la dilatada convivencia con la cristiana vencedora, no se españolizaron jamás (a diferencia de los fenicios, griegos, cartagineses, romanos y visigodos). Desembarazada de moros y judíos, España recupera su identidad, deviene de nuevo España.

Esta interpretación de nuestro pasado histórico no se ajusta, ni mucho menos, a la verdad. Como ha señalado con pertinencia Américo Castro, íberos, celtas, romanos y visigodos no fueron nunca españoles, y sí lo fueron, en cambio, a partir del siglo x, los musulmanes y judíos que, en estrecha convivencia con los cristianos, configuran la peculiar civilización española, fruto de una triple concepción del hombre, islámica, cristiana y judaica. El esplendor de la cultura arábigo-cordobesa y el papel desempeñado por los hebreos en su introducción en los reinos cristianos de la Península modelan de modo decisivo la futura identidad de los españoles, diferenciándolos radicalmente de los restantes pueblos del Occidente europeo. La proverbial tolerancia religiosa del Islam trae consigo una tolerancia paralela en los reinos cristianos que lo combaten, habitados en los siglos xii, xiii, xiv y xv por españoles de las tres castas. Los monarcas castellanos reciben el vasallaje de moros y de judíos, y estos últimos participan sustancialmente de los gastos de la guerra y, a menudo, de las gestiones de gobierno junto a los españoles de casta cristiana. Los cristianos, a su vez, adoptan el concepto musulmán de «guerra santa» y abrazan una variante judaica del sentimiento de «pueblo elegido»: la voluntad de dominio de Castilla presenta, pues, desde sus comienzos, numerosos rasgos semíticos. Paralelamente, la convivencia de las tres castas determina la especialización de cada una de ellas o, si se quiere, una triple distribución del trabajo: los cristianos se dedican de preferencia a la guerra, forman la casta militar; los hebreos asumen las funciones de orden intelectual y financiero; los moriscos, en fin, cultivan los oficios mecánicos y artesanales. En el campo cultural, el proceso de simbiosis es el mismo. Una de las figuras intelectuales más ilustres del siglo xiii, el mallorquín Ramon Llull, escribió gran parte de su obra en lengua árabe, y el carácter audaz y original de su pensamiento revela la triple convergencia y fusión en un crisol único de las culturas hebrea, arábiga y cristiana. Así, al morir Fernando III el Santo en 1252, el epitafio de su sepultura se redacta en latín, castellano, árabe y hebreo, como símbolo de la armonía entonces reinante entre las comunidades españolas, y su hijo Alfonso X el Sabio hace escribir en las *Cantigas* que Dios es

> *Aquel que perdõar pode*
> *chrischão, iudeu e mouro,*
> *a tanto que en Deus aian*
> *ben firmes sas entençoes.*

Si damos una ojeada a la arquitectura de la Península, advertiremos en seguida las huellas de esta situación peculiar no sólo en los monumentos más destacados del Islam (Mezquita de Córdoba, Giralda de Sevilla, Alhambra de Granada), sino también en el arte cristiano, directamente influido por aquél. El arte mudéjar, tan bellamente representado en la Casa de Pilatos y el Alcázar sevillano, la segoviana iglesia del Corpus Christi y el palacio del marqués de Lozoya, se manifiesta con particular variedad y esplendor en Toledo: el viajero puede admirar allí, según sus gustos, el campanario —o alminar— de Santo Tomé, el llamado Taller del Moro, el delicado salón de la Casa de Mesa y, sobre todo, las exquisitas iglesias de San Benito y Santa María la Blanca. Esta última, construida para servir de sinagoga durante el reinado de Pedro I y adaptada más tarde al culto católico, conserva todavía una inscripción que celebra al monarca, al arquitecto Abdali y al donante Samuel Levy. En los siglos XIII, XIV, XV e incluso en el XVI, los cristianos encomendaban a menudo a los musulmanes no solamente la construcción de sus palacios y monumentos públicos, sino igualmente la de sus capillas e iglesias: tal es el caso de la capilla de la Trinidad, obra del zaragozano Mahomat de Bellico (1354); de la cartuja del Paular, edificada de 1440 a 1443 por Abd al-Rahman de Segovia; del desaparecido hospital madrileño de La Latina, obra del maestro Hazan; del pórtico de la Pavordería de la Seo de

Zaragoza, construida en 1498 por un alarife llamado Rami. En 1504, todavía, la Torre Inclinada de Zaragoza (demolida en 1887) fue obra de cinco arquitectos: dos cristianos, dos musulmanes y un judío. Pero, en 1480, Isabel la Católica prohíbe expresamente que ningún musulmán o judío tenga la «osadía de pintar la figura del Salvador, ni de su gloriosa Madre, ni de ningún otro santo de nuestra religión».

La convivencia pacífica se mantuvo mientras los reyes castellanos tuvieron necesidad de la ayuda y colaboración de las dos castas sometidas. No obstante, la riqueza acumulada por los españoles de casta hebrea y la dependencia financiera de los monarcas respecto a ellos debían suscitar, a lo largo del siglo XV, la creciente hostilidad de los cristianos. Conforme el poder de Castilla se afianza y extiende, la situación de los hebreos y moriscos españoles se deteriora y deviene crítica. El descontento y envidia del bajo pueblo engendran pronto bruscas explosiones de violencia: las juderías son incendiadas y numerosos hebreos perecen. El clima de inseguridad explica el número elevado de conversiones al cristianismo a partir de la segunda mitad del siglo XV. Los españoles de casta hebrea esperaban así, ilusoriamente, escapar a su destino. Pero, desde 1481, la Inquisición vigila ya estrechamente la ortodoxia de los nuevos cristianos y, once años después, en la embriaguez de la victoria sobre el Islam, la intolerancia triunfa de modo definitivo.

Cuando los Reyes Católicos acaban con el último reino moro de la Península y decretan la expulsión de los judíos asistimos al primer acto de una tragedia que, durante siglos, va a determinar, con rigurosidad implacable, la conducta y actitud vital de los españoles. Contrariamente a la versión usual de nuestros historiadores, el edicto de expulsión de los judíos no cimenta en absoluto la unión de aquéllos; antes bien, los escinde, los traumatiza, los desgarra. En efecto: desde finales del siglo XIV, numerosos españoles de casta hebrea, para conjurar el espectro del pogrom que comenzaba a cernerse sobre ellos, se habían convertido prudentemente al cristianismo y, en 1492, comunidades enteras ingresaron *in extremis* en las filas de los «marranos» para evitar el brutal desarraigo. Y, a partir de esta fecha, los cristianos ya no son, sin más, cristianos: en adelante se dividirán en cristianos «viejos» y «nuevos», separados estos últimos del resto de la comunidad por los denominados estatutos de «limpieza de sangre». El bautismo no nivelará nunca las diferencias entre unos y otros: aun en los casos de conversión sincera (que los hubo), e incluso tratándose de descendientes de conversos (a veces de cuatro y cinco generaciones), la frontera subsistirá en virtud de los rígidos criterios valorativos de la casta triunfante.

Las bases de la discordia secular entre españoles aparecen netamente desde entonces y la herida abierta por el edicto real de marzo de 1492 no cicatrizará nunca. Américo Castro ha citado en más de una ocasión las palabras del converso Francisco de Cáceres a los inquisidores que le juzgaban en el año 1500: «Si el rey, nuestro señor, mandase a los cristianos que se tornasen judíos, o se fueran de sus reinos, algunos se tornarían judíos», pero continuarían siendo «cristianos, e rezarían como cristianos, e engañarían al mundo; pensarían [los demás] que eran judíos, e de dentro, en el coraçón e voluntad, serían cristianos». Más explícito aún, Antonio Enríquez Gómez, un cristiano nuevo del siglo XVII que, huyendo de los rigores de la Inquisición, había encontrado refugio, como otros muchos de su casta, en los Países Bajos, debería expresarse, a su vez, en unos términos que podríamos calificar de proféticos: «El reino que excluye de honor a los vasallos se ha de perder infaliblemente, porque la deshonra del padre es en el hijo un fuego vivo que eternamente quema; y de aquí nace que, divididos en dos bandos los linajes, los unos tiren a la venganza y los otros al odio».

El «contagio» judaico

Aferrados a su propia conciencia de mando, a su destino de pueblo llamado a regir los destinos del mundo —y que pronto transferirá el impulso conquistador fraguado en la lucha secular contra el Islam a las más apartadas regiones de la geografía europea y americana, desde Flandes e Italia a México y Perú—, los castellanos erigen la «dimensión imperativa» de sus personas como criterio y horizonte existencial del resto de los españoles. La honra y orgullo de los cristianos viejos se cifran en su limpieza de origen, en su pertenencia a la casta guerrera que hizo posible la Reconquista y la prodigiosa expansión imperial. Nobles o villanos, pobres o ricos, todos poseen conciencia de su «hombría», de su supremacía personal frente a los nuevos cristianos, originalmente manchados de impureza. Américo Castro ha analizado con gran lucidez el célebre honor castellano no como concepto abstracto, sino como inmanencia existencial, integrándolo en el contexto humano en que se produjo. Para los cristianos viejos se trataba, ante todo, de afirmar su temple y limpieza mediante una conducta que no abriera ningún resquicio a la embestida de la opinión ajena: «Lo único que alborotaba al español era la sospecha de que en el centro o raíz de *sí mismo* se hubiesen inferido elementos extraños capaces de alterar su integridad». Por esta razón, como vamos a ver, los cristianos viejos no quisieron empañar su pureza de casta cultivando las tareas intelectuales y técnicas

consideradas infamantes desde la época de los Reyes
Católicos por ser privativas de los españoles de casta
hebrea y morisca. En contra de lo que pudiera creerse,
esta situación no fue exclusiva del siglo XVI, ni mucho
menos. En su análisis de «La sociedad española en el siglo
XVIII», Domínguez Ortiz cita, entre otras muchas, la opinión de un memorialista de la época de Felipe V que, más
de dos siglos después de la expulsión de los judíos, se
expresa en estos términos: «Muchísimo judaísmo se encierra en España. Es el ordinario vivir de éstos [los cristianos
nuevos] el logro, la usura: médicos, renteros, mercaderes,
confiteros... son mañosísimos y astutos y..., con poderío, se
vengan de las christianas gentes». En 1787, Valentín
Foronda denuncia los estragos causados por el «prejuicio
gótico» del deshonor inherente al ejercicio del comercio y
satiriza la nobleza provinciana apegada a sus viejos perga-
minos y a sus palacios en ruinas. En sus *Letters from
Spain*, publicadas en 1822, Blanco White describe con
lucidez cruel la sociedad española anterior a la invasión
napoleónica e indica que «la pureza de sangre, es decir, la
seguridad de que ni remotamente tenía mezcla de sangre
árabe o judía, era para todo buen cristiano peninsular la
condición de honradez y el pedestal de la fama».

La escasa contribución de los españoles a la ciencia y
técnica modernas se explica, pues, en función de los criterios valorativos de los cristianos viejos. El miedo de ser
tomados por judíos hizo que, en los siglos XVI, XVII y XVIII,
los españoles abandonaran las ocupaciones científicas y
mercantiles, precipitando así la ruina económica ocasio-
nada por la despoblación rural, la afluencia del oro americano y la serie ininterrumpida de guerras religiosas costo-
sas e inútiles. El espléndido humanismo español de fines
del siglo XV desmedra progresivamente a lo largo de la
siguiente centuria hasta extinguirse por completo. Los
intelectuales de casta hebrea emigran, como Vives, o se
ven reducidos al silencio. Creada por los Reyes Católicos,

la Inquisición vela celosamente por la pureza de la fe. Mucho antes de que aparezcan en España los primeros brotes luteranos, el Santo Oficio procede ya a una represión despiadada de los «marranos» y los moriscos.

En su libro *Erasmo y España*, Marcel Bataillon ha analizado magistralmente la parálisis paulatina del pensamiento humanista español en el siglo XVI. Como observa el ilustre investigador, los cristianos nuevos constituían un terreno abonado para las nuevas corrientes religiosas y filosóficas que el humanismo erasmista oponía al formalismo tradicional y huero de los viejos cristianos. Por eso, la Inquisición trataba de probar siempre los orígenes judaicos de los sospechosos de herejía o erasmismo al tiempo que acentuaba las disposiciones tomadas en 1502 para prevenir el contagio de la propaganda de los judíos extrañados de la Península. La Inquisición castiga con la muerte y la confiscación de bienes la posesión de libros prohibidos y establece un verdadero cordón sanitario como para salvar al país de alguna horrible epidemia. Cuando Felipe II sale de Flandes y regresa a la Península, ordena que los españoles que estudian en la Universidad de Lovaina retornen al país en un plazo de cuatro meses y se presenten, allí, a la Inquisición para que los examine como presuntos «portadores de gérmenes». Al producirse la detención del cristiano nuevo Juan de Vergara, Rodrigo Manrique, hijo del inquisidor general, escribe a su maestro Vives (los restos de cuyos padres, como es notorio, fueron desenterrados y quemados por el Santo Oficio): «Dices muy bien: nuestra patria es una tierra de envidia y soberbia; y puedes agregar: de barbarie. En efecto, cada vez resulta evidente que ya nadie podrá cultivar medianamente las buenas letras en España sin que al punto se descubra en él un cúmulo de herejías, de errores, de taras judaicas. De tal manera es esto, que se ha impuesto silencio a los doctos y a aquellos que corrían al llamado de la erudición se les ha inspirado, como tú dices, un terror enorme...

El pariente de quien antes te hablé me ha contado que en Alcalá se hacen verdaderos esfuerzos para extirpar el estudio del griego... Quienes sean los que emprenden esa tarea en España, tomando el partido de la ignorancia, es cosa fácil de adivinar». Y la máxima figura del pensamiento humanista español escribía poco después a Erasmo: «Estamos pasando por tiempos difíciles, en que no se puede hablar ni callar sin peligro». Bataillon muestra cómo, en el siglo XVI, la Inquisición acentúa cada vez más su presión sobre los españoles descendientes de conversos: «Esta poderosa institución, nutrida de confiscaciones y de multas, está en pleno crecimiento. Tiene en su contra la hostilidad de los espíritus libres, el odio tenaz de los *cristianos nuevos*, contra quienes se ha montado, y que ven en ella el instrumento de su humillación y de su empobrecimiento. En cambio, la Inquisición parece apoyarse en el sentimiento *cristiano viejo* de las masas populares, en su oscuro instinto igualatorio, hostil a los hombres que tienen dinero y saben ganarlo... Como el Edicto de la Fe ordenaba denunciar los delitos contra la fe común de que cada cual pudiera tener conocimiento, el pueblo español entero se encontró asociado, de grado o por fuerza, a la acción inquisitorial. Ahí está el resorte por excelencia de la *inquisición inmanente*, de que habla Unamuno... El terrible sistema se puso a funcionar sin que el inquisidor general y la Suprema tuviesen que imprimir un impulso inicial; ellos no necesitaban desempeñar más que un papel regulador».

El comercio, las investigaciones científicas, los oficios manuales son tenidos por viles y deshonrosos. La pobreza, el analfabetismo llegan a ser preferibles a cualquier actividad que ponga en duda la limpieza de sangre. Para comprender el gran retraso de la burguesía española respecto a las demás burguesías europeas resulta indispensable remontarse a esta desgarradora querella de castas. En España, la honra importaba más que la acumulación de bienes, o el saber científico o técnico. En estas condiciones, como señala Américo Castro, la creación de una riqueza secularizada, de clase media, devenía imposible. En el momento de la mayor expansión imperial de España, una serie de factores de orden existencial preparaban sordamente su decadencia futura. La actitud negativa de los españoles respecto del saber y el trabajo —pilares básicos de la nueva clase burguesa— hallan su máxima expresión en Quevedo. En *La hora de todos*, en los *Sueños*, el gran escritor manifiesta una hostilidad radical hacia las actividades comerciales o artesanas sin exclusiva. Su infierno poético está poblado de comerciantes, sastres, médicos, taberneros, etc., oficios todos propios de los españoles de casta hebrea o morisca. Frente a ellos, Quevedo exalta la carrera de las armas como única noble y digna de un español. En la obra quevedesca vemos perfilarse ya la imagen de esta España ignorante, orgullosa y miserable que tanto impresionará a Barrow en 1840. Para retratar a los moriscos españoles de 1600, Pedro Aznar de Cardona y fray Alonso Fernández recurren a la enumeración de sus ocupaciones habituales: tejedores, sastres, caldereros, herreros, zapateros y, en general, todos los oficios mecánicos. Por otra parte, la inquietud intelectual o religiosa, el simple hecho de poseer el griego o el hebreo —recuérdese la persecución de un cristiano tan sincero como fray Luis de León— convertían automáticamente a todo español en sospechoso de judaísmo. Las cosas llegaron a tal extremo que el desconocimiento de las primeras letras acabó por constituir un timbre de gloria. En numerosas novelas y obras dramáticas de la época (especialmente en Lope de Vega) tropezamos frecuentemente con personajes que proclaman con orgullo su analfabetismo. Hecho sintomático: sus autores se guardan, por lo común, de ironizar sobre ellos; antes bien, los magnifican y los exaltan. Hoy, gracias a Américo Castro, sabemos que, en el informe secreto sobre los miembros del Consejo Real de Carlos V, lo que contaba para su autor era el grado de limpieza de sangre de aquéllos, y el criterio implícito para determinar ésta se basaba en el hecho de pertenecer o no los interesados al «linaje de los labradores»: las «buenas letras» y la «agudeza de ingenio» eran juzgadas, en cambio, como indicios de judaísmo. No en vano, con su ironía habitual, Cervantes pone en boca de uno de sus personajes (analfabeto) la frase de que no quiere saber de letras porque éstas «son quimeras que llevan a los hombres al brasero».

La comprensión cabal de la literatura española de los siglos XVI y XVII exige tener en cuenta el contexto humano que analizamos: frente al romancero épico-heroico y el drama de honor representantes de la ideología de la casta triunfadora, la novela picaresca y pastoril, así como la espiritualidad introvertida, suelen encarnar las vivencias de los descendientes de los conversos. Por un lado, la opinión mayoritaria de Lope de Vega, Tirso de Molina y Calderón; por otro, la ética individualista de fray Luis de León, Alemán y Cervantes. A la angustia existencial de los cristianos nuevos se debe la creación de estilos individualizados, fuera de los moldes abstractos y genéricos, que darán lugar, siglos más tarde, al nacimiento de la moderna novela europea. Obras como *La Celestina* y *El Quijote* son el fruto directo de esta situación conflictiva y, como veremos más tarde, lo será igualmente el célebre mito de don Juan. En Quevedo, cristiano viejo hasta la médula de los huesos, se hallan sentadas las premisas de la actitud que, tres siglos más tarde, adoptarán Ganivet y Unamuno: el autor de *El Buscón* advierte con gran acuidad la ruina de España, pero, en lugar de diagnosticar las causas y procurar barrer los escombros, se instala orgullosamente en ellos y fulmina contra la riqueza y venalidad de los países vecinos. Como en Unamuno, la pobreza deviene un valor ético, una virtud: para el último, el mísero paisaje de Castilla será el espejo en que, morbosamente, contemplará su propia alma, algo así como una emanación de su religiosidad personal.

Estas tensiones morales y desgarraduras internas hallaron una admirable expresión artística mientras el conflicto subsistió y las dos vivencias antagónicas entrechocaron. La pintura de El Greco y de Zurbarán, la poesía de santa Teresa de Avila, fray Luis de León y san Juan de la Cruz, la novela picaresca y cervantina reflejan, a su manera, la espiritualidad atormentada o grave de muchos españoles que, en el mejor de los casos, habían perdido la seguridad en sí mismos y buscaban refugio en la buena opinión del prójimo y en la retórica del gesto. A la «inquietud» de los españoles de casta judía, los cristianos viejos oponen la imagen y el concepto existencial de «sosiego»: es el célebre «Sosegaos» que, según la leyenda, gustaba repetir Felipe II, o la estampa de *El caballero de la mano en el pecho*, inmortalizado por El Greco, que, andando el tiempo, cristalizarán en el «genio y figura», un tanto crispado, de Unamuno. Pero, conforme las posibilidades evasivas de los cristianos nuevos se reducen y la atmósfera de asfixia inquisitorial se adensa, la dinámica anterior desaparece y la parálisis intelectual gana, asimismo, el campo artístico y literario. Las actividades científicas y humanistas se habían extinguido a fines del siglo XVI. Cien años más tarde, el arte y la literatura que asombraran al mundo durante el llamado Siglo de Oro (Velázquez, Cervantes, Góngora) decaen, a su vez, casi por completo. Si exceptuamos la figura aislada de Goya, España dejará de contar desde el punto de vista literario y artístico hasta comienzos del siglo XX.

Como decía el ultracatólico Menéndez Pelayo, «la cuestión de raza explica muchos fenómenos y resuelve muchos enigmas de nuestra historia».

El caballero cristiano

La dimensión imperativa del cristiano viejo se impuso, como hemos dicho, a la totalidad de los españoles —incluso en aquellas regiones periféricas (Valencia, Cataluña, Vascongadas, Galicia) que nunca llegaron a castellanizarse del todo y que, a raíz de la decadencia de Castilla a partir del siglo XVII, han manifestado esporádicamente en los períodos de crisis sus antiguas tendencias centrífugas y, a veces, sus veleidades de independencia. Pero, bajo la dinastía de los Austrias, la vivencia colectiva de los españoles parece responder a un acorde unánime, grandioso. Un estilo común homogeiniza armas y letras: las hazañas fabulosas de los conquistadores y algunas de las expresiones más logradas del genio artístico español. Si recorremos la Península y admiramos ciertas ciudades (Ávila, Salamanca), monumentos (El Escorial), obras pictóricas (*Las lanzas*, de Velázquez, o los caballeros pintados por El Greco), obras dramáticas (Lope de Vega, Tirso, Calderón), hallaremos fácilmente, en expresiones a primera vista tan dispares, un inconfundible aire de familia: todos ellos parecen inspirados por una imagen ideal que los proyecta más allá de sus límites aparentes. El gesto de Espínola recibiendo las llaves de la ciudad de manos del burgomaestre de Breda evoca irresistiblemente los retratos de los conquistadores trazados con pluma certera por el cronista Bernal Díaz del Castillo: «¿Pues de qué condición somos los españoles para no ir adelante y estarnos en parte que no tengamos provecho y guerras?». Servir a Dios propagando la cristiandad y servir al rey engrandeciendo sus reinos: estos dos propósitos trascendentes animan a Cortés y sus hombres durante la derrota, retirada y angustiosa espera de la «noche triste», y les conduce a la victoria final sobre Moctezuma, abriéndoles el camino de la posesión del imperio azteca con sus inmensas riquezas y tesoros. En las situaciones más graves y de mayor peligro, la elocuencia de Cortés echa mano, como recuerda Menéndez Pidal, de un verso de romance, como sentencia respetada por todos: «Más vale morir con honra que deshonrado vivir.» Para los españoles, el botín es la prolongación, en un plano material, de los ideales de evangelización y conquista: tras el despojo de los tesoros reales de Moctezuma y Atahualpa, la búsqueda del legendario Eldorado les obsesionará como un espejismo. Pero observemos que en ningún momento se propondrán trabajar o hacer fructificar las riquezas así conseguidas. Obligados a explotar las minas de metales preciosos, los desdichados indígenas morirán por decenas de millares y la acusadora voz de fray Bartolomé de las Casas se alzará pronto, con rigurosidad implacable, contra los responsables del cruel genocidio.

Desde tiempos remotos, los escritores e historiadores peninsulares se han esforzado en compendiar los rasgos y características de este «español ideal», buscándole antecedentes ilustres en figuras tales como Séneca o el Cid. Ganivet consideraba a aquél como paradigma secular de los españoles, y en su *Idearium* califica con gran intuición la «sangría» de terapéutica propiamente nacional. (Años más tarde, algunos españoles deberían proceder, en efecto, a la masiva eliminación de «glóbulos rojos» para restaurar la comprometida salud del país.) Menéndez Pidal, por su parte, intenta establecer un parangón entre españoles y romanos (comparando la ocupación de la Galia por Julio César con la conquista de México y Perú) y cree discernir, en la figura un tanto nebulosa del Cid, las esencias perennes de esta espiritualidad castellana que asombraba al mundo europeo durante el siglo XVI, y, según frase del poeta Luis Cernuda, «como admirable paradoja se imponía». Pero nadie ha precisado y resumido la figura del «caballero cristiano» —ideal, repetimos, de todos los españoles cuando en nuestros dominios no se ponía el sol— como lo hizo hace treinta años, con evidentes propósitos actualizadores, Manuel García Morente.

García Morente se esfuerza en determinar los ideales de cada militar de Castilla que —a partir de la lucha secular contra el Islam y su adopción por los demás pueblos peninsulares en la época de los Reyes Católicos— se han mantenido con altibajos —y con una base social que paulatinamente se reduce desde fines del siglo XVIII— hasta nuestros días. Para él —exaltado, sin duda, por las peculiares circunstancias de la guerra civil de 1936-1939—, estos ideales tienen un carácter permanente, eterno: «El español ha sido, es y será siempre el caballero cristiano. Serlo constituye la última aspiración más profunda y activa de su verdadero ser». Si ponemos en pretérito perfecto lo que García Morente pone en presente de indicativo, su análisis del espíritu cristiano viejo de los siglos XVI y XVII es bastante justo. El pueblo español, dice en síntesis, se considera a sí mismo, si no elegido, «cuando menos llamado por Dios a la vocación de conquistar gloria para sí y para Él»; es un pueblo magnánimo, valeroso, resuelto, sufrido, sobrio y ascético; su símbolo, el caballero cristiano, es el paladín defensor de una causa que se cifra en Dios y en su conciencia. «Ser caballero y ser cristiano —escribía en el siglo XVI Antonio de Guevara— muy bien se compadecen en la ley de Cristo; el bueno y verdadero caballero ha de ser animoso en el corazón, esforzado en el pelear, generoso en el dar, paciente en el sufrir y clemente en el perdonar.» El caballero cristiano busca la grandeza con perfecto desprecio de las cosas materiales. La generosidad y esplendidez del español, la facilidad con que se despoja de todo y renuncia a ocuparse de la administración o el aumento de sus propios bienes, radica en su creencia en unos valores supremos, absolutos, incondicionales. Como Quevedo, piensa que el único oficio digno de él es la guerra: los franceses —dice Quevedo— vienen a España para comerciar; los españoles, en cambio, atraviesan Francia a pie, con la capa a la espalda, para ir a Flandes a servir a su rey, pues los españoles no pueden servir a nadie fuera de su país y jamás aceptarán, para subsistir, ejercer otro oficio que el de soldados. Nacionalismo y catolicismo: política de Dios y gobierno de Cristo. Mientras Europa abandona poco a poco las estructuras mentales de la Edad Media, España se encastilla en ellas y opone al espíritu comercial «judaico» su altivo y solitario desafío. Cortés, Pizarro, Núñez de Balboa, Magallanes descubren continentes y océanos en medio del asombro y admiración del mundo renacentista. De California y Florida a Chile y Río de la Plata, los castellanos conquistan riquezas y tierras para su rey, y su ideal mesiánico y antieconómico parece triunfar, por un momento, de los modernos principios mercantilistas. En esta época, el español se siente vivir con fuerza; se sabe a sí mismo existiendo como poder real de acción y de creación: la prodigiosa arquitectura que impone en el México recién conquistado muestra hasta qué punto sus creencias e ideales son firmes. Ahí está como ejemplo, en la sierra granítica, severo, adusto y solemne, el monasterio de El Escorial: «brillando al sol como un acero limpio», dirá uno de nuestros poetas; desnudo y puro, con su maciza voluntad de piedra y sus tercos anhelos de inmortalidad.

El silencio y grandilocuencia que impresionan siempre a quien lo visita se corresponden perfectamente con los ideales del espíritu español de la época. Como dice García Morente, el caballero cristiano es «hombre silencioso y aun taciturno, grave en su postura y de pocas palabras en el comercio común; pero, cuando se ofrece la ocasión, sabe alzar la voz y encumbrarse a formas superiores de elocuencia y retórica». Esta voluntad de estilo —tan manifiesta en la pintura de El Greco y de Velázquez— se trasluce, asimismo, en el gesto, el porte y la indumentaria. En el *Cantar de Mio Cid*, el anónimo autor insiste ya en la gravedad y severidad de la figura del Campeador, sin omitir siquiera la referencia a su armadura y prendas de vestir. Esta retórica del gesto pudiera cifrarse, como hemos dicho, en el refrán tan castizo de «genio y figura hasta la sepultura». El genio se revela en la figura y la figura es el reflejo del genio: por genio debe entenderse aquí el carácter propio del cristiano viejo, su conciencia de ser quien es y no otra cosa, expresión y símbolo de su morada vital. El honor castellano, eje de todo el teatro español del siglo XVII, responde, como indicábamos antes, a las circunstancias particulares de la sociedad peninsular de aquel tiempo, íntimamente desgarrada por el conflicto de las castas. La honra personal acaba por identificarse con la buena opinión: la ley del honor obliga a los maridos a realizar terribles venganzas no por celos, sino en razón de una lógica fría que antepone la buena fama a la vida. «¡Muera yo, viva mi fama!», grita Rodrigo Arias al ser mortalmente herido por Diego Ordóñez en uno de los más populares dramas de honor de la época. Como decían *Las Partidas*, «el infamado, aunque no haya culpa, muerto es cuanto al bien y a la honra de este mundo». Así, la venganza debe llevarse a cabo aun en la persona de un inocente, como lo hace García de Castañar cuando ejecuta a su mujer:

A muerte te ha condenado
mi honor, cuando no mis celos,
porque a costa de tu vida
de una infamia me preservo.

Los estudiosos del teatro español del Siglo de Oro
(Unamuno, Menéndez Pidal, etc.) no han captado (o no
han querido captar) el carácter semítico de esta concepción del honor que, como muchas otras tenidas por cas-
tellanas, es, en realidad, el resultado de la convivencia
secular española de cristianos, moros y judíos. Cuando
Valle-Inclán satiriza cruelmente en sus «esperpentos» los
motivos del teatro español del siglo XVII, advierte, con
razón, que el honor calderoniano es «una forma popular
judaica». En efecto, en ninguna otra de las literaturas del
Occidente europeo encontraremos una motivación semejante: el Otelo de Shakespeare, aunque moro, se conduce
más bien como un europeo; los personajes de Lope, Tirso
o Calderón, aunque españoles, razonan y actúan en virtud
de estructuras mentales netamente semíticas, hebraicas.

Pero volvamos a las características del alma castellana
que examina García Morente y detengámonos en otro
punto fundamental: el estoicismo. Para él, en el fondo del
alma española hay «un residuo indestructible de estoicismo que, hermanado íntimamente con el cristianismo, ha
enseñado a los hombres de España a sufrir y a aguantar,
por una parte; a acometer y a dominar, por otra. En la historia de nuestra nación hispana adviértese... una oscilación pendular entre el heroísmo y el abstencionismo, la
hazaña y la inmovilidad, que encuentra bella expresión de
sus contrastes en múltiples aspectos de nuestra pintura y
nuestra literatura». Esta oscilación explicaría, según él,
que, al tomar otro rumbo la historia europea a fines del
siglo XVII, el pueblo español se hubiese encerrado orgullosamente en sí mismo y hubiese vuelto desdeñosamente la
espalda a la historia: «La actitud de apartamiento que
España adoptó en 1700 frente a una Europa que rápidamente se descristianizaba fue, pues, una actitud con-
gruente con la índole y estilo de la persona nacional».
Nosotros diríamos mejor que, desaparecido el poderío
marítimo después del fracaso de la Armada Invencible y

aplastados los ejércitos en el campo de batalla de Rocroi, los españoles descubrieron con satisfacción que un pueblo de soldados (valiente, pero inculto) no podía mantener, a la larga, su supremacía militar frente a los pueblos «mercantiles» (menos aguerridos que él, pero más hábiles en los menesteres técnicos, comerciales y científicos). La admirable paradoja del siglo XVI se había desvanecido de golpe, y España era ya el solar de hidalgos pobres, orgullosos y rústicos que, melancólicamente, describiría Cervantes a lo largo de las maravillosas andanzas de Sancho Panza y el Caballero de la Triste Figura.

Un último punto que cautiva la atención de García Morente es la actitud del castellano ante la muerte: el caballero cristiano, porque es cristiano y porque es caballero, «concibe la muerte como una aurora y no como un ocaso»; la vida, para él, es un simple tránsito, cuanto más breve mejor, hacia la puerta que se abre ante la eternidad y lo infinito:

> *Nuestras vidas son los ríos*
> *que van a dar en la mar,*
> *que es el morir:*
> *allí van los señoríos*
> *derecho a se acabar*
> *y consumir;*
> *allí los ríos caudales,*
> *allí los otros medianos*
> *y más chicos:*
> *allegados, son iguales*
> *los que viven por sus manos*
> *y los ricos.*

La poesía y el teatro españoles de los siglos XVI y XVII ofrecen, en efecto, abundantes ejemplos de esta «impaciencia de eternidad» tan bellamente expresada en el célebre poema de santa Teresa de Jesús:

Vivo sin vivir en mí,
y tan alta vida espero,
que muero porque no muero.

Los santos arrebatados de Zurbarán y Morales, los Cristos y Dolorosas en el éxtasis de sus angustias y sufrimientos no tienen equivalente en el arte pictórico de ningún otro país occidental: son creación puramente española, expresión directa de la actitud del castellano ante la vida, fruto de su vivencia inmanente y existencial.

Desaparecido para siempre el imperio español y arruinado económicamente el país, los ideales de la casta militar de Castilla subsistirán, no obstante, en determinados sectores geográficos y núcleos sociales de la Península e impregnarán aún, con sorprendente fuerza, el estilo y retórica de la Falange durante el período de máximo esplendor de ésta, durante y después de la guerra civil. El grito de «¡Abajo la inteligencia, viva la muerte!», lanzado en presencia de Unamuno, es el eco desvaído y un tanto grotesco de una espiritualidad cristiano-vieja que en el siglo XVI fue, sin duda, auténtica y rica. Hoy, cuando los valores de la moderna sociedad industrial arraigan, por fin, en los españoles, podemos pensar razonablemente que aquélla se halla en vías de extinción. Origen y causa de la decadencia del país, deberemos poner en su activo, a lo menos, la inspiración de algunas de las obras más bellas y perdurables de nuestro arte.

El pecado original de España

Paralelamente al ahogo de la inquietud intelectual «judaica», la literatura española de los siglos XVI y XVII refleja, explícitamente o por omisión, la sistemática represión de la sensualidad hispanoárabe. Hasta la fecha, ningún historiador ha calibrado como se debe la importancia de ese fenómeno y su formidable impacto en la configuración del carácter nacional español. Como observa con acierto Xavier Domingo: «El árabe ha integrado el acto sexual en la estructura de sus aspiraciones más elementales. El cristiano, al contrario, tiende cada vez más a excluir el sexo totalmente, a negarlo. El sentimiento y la sexualidad son, para el árabe, cosas indisolubles. Para el cristiano, todo lo que concierne al sexo es nefasto y puede contaminar el alma. Aunque cristianos y musulmanes vivían en el mismo suelo, de manera casi idéntica, sus concepciones en materia tan esencial como el amor se oponían de modo tan rotundo que no es extraño que su guerra dure ocho siglos y termine con la aniquilación del vencido. Todo lo que el español lleva en sí de árabe es reprimido sin piedad y, en primer término, la sexualidad». Así, mientras en la Edad Media la literatura erótica arábigo-andaluza y la castellana, influida por ella, alcanzan una elevada expresión artística (bastaría citar los nombres de Ibn Hazm de Córdoba y del arcipreste de Hita), a partir de los Reyes Católicos el sexo deviene, para los escritores españoles, objeto de repulsión y de odio. La sensualidad es el peor enemigo. En

el *Anticristo*, Nietzsche recordaba que la primera disposición adoptada por los monarcas castellanos después de la
conquista de Córdoba consistió ya en cerrar los trescientos
establecimientos de baños públicos existentes en la ciudad. Y cuando los moriscos son definitivamente expulsados del reino, el licenciado Aznar de Cardona justifica el
catastrófico decreto real basándose en que aquéllos son
«torpes», «brutos», «amigos de entretenimientos bestiales»,
«afeminados» y «entregadísimos al vicio de la carne».

Una obra como *La Celestina* (1502) pudo divulgarse en
un momento en que el Santo Oficio no controlaba aún
totalmente la vida y conciencia de los españoles. Pero,
desde mediados del siglo XVI, el amor carnal desaparece
del horizonte de nuestra literatura. La última obra erótica
de importancia, *La lozana andaluza*, se imprimió signifi-
cativamente en Italia (1528). En adelante, sólo el amor
idealizado obtiene patente de publicación, y Petrarca
reemplaza a *Las mil y una noches*. Incluso en los géneros
ordinariamente considerados realistas, como, por ejemplo, la novela picaresca, el antihéroe roba, miente y estafa,
pero no fornica jamás y, si lo intenta, su tentativa fracasa
de modo lamentable y da lugar a una serie de lances có-
mico-burlescos de los que inevitablemente sale corrido y
avergonzado (Alemán, Cervantes, Quevedo, etc.): la tram-
posa y embustera Justina, envuelta en mil escabrosos lances y episodios turbios, mantiene bien en alto, como un
estandarte glorioso, su concepción casi teológica de la
doncellez y resume en estos términos, al final del libro, su
noche de bodas: «Yo bien sabía que mi entereza y que mi
virginidad darían de sí señal honrosa, esmaltando con los
corrientes rubíes la blanca plata de las sábanas nupciales».
El sexo, que constituye el eje dramático de *La Celestina*,
no asoma nunca en las páginas de *El Quijote*: como la casi
totalidad de los personajes novelescos de la época, el
Caballero de la Triste Figura es un ser asexuado y sus
amores son puramente platónicos. En Quevedo, el odio a

la mujer llega a extremos verdaderamente morbosos. La descripción que nos hace de ella es fisiológica, repugnante. La mujer es el mal, el demonio. El amor, un engaño, una trampa: «Considérala [a la mujer] padeciendo los meses y te dará asco, y cuando está sin ellos, acuérdate que los ha tenido y que los ha de padecer, y te dará horror lo que te enamora, y avergüénzate de andar perdido por cosas que en cualquier estatua de palo tienen menos asqueroso fundamento». Para encontrar un equivalente a su virulento antifeminismo habría que remontarse a Tertuliano y a la doctrina de los Primeros Padres de la Iglesia. Eludiendo el amor carnal, Quevedo cae en la escatología. Estamos lejos de la atmósfera sensual de las noches de Al-Andalus que cantan los poetas, con sus manjares selectos, sus vinos exquisitos, sus bellas esclavas rubias, sus lánguidos efebos coperos.

Curiosamente, la ofensiva antierótica y la condena de la exuberancia sexual no se llevan a cabo, como ocurrió más tarde en Francia y otros países europeos, en nombre de la nueva ética burguesa, que contrapone la noción «racional» de trabajo a la «animalidad» (tiranía contra la que se rebelarán más tarde Sade, Baudelaire y Rimbaud): en España, la represión sexual se funda no en las razones económico-sociales (antinomia libido-productividad) que fundamentan el proceso de acumulación capitalista e implican la condena del derroche aristócrata (desde los gastos suntuarios al «exceso» barroco), sino en factores de orden inmanente y existencial, con el designio latente de encerrar al individuo en una problemática sin salida y de crear en él una conciencia enferma que lo vincule al ámbito de la vida privada y lo incapacite para toda actividad social adulta y libre. No hay, pues, oposición entre productividad y sexo. La represión de la libido se opera en frío, de modo estructuralmente negativo, en la perspectiva de un vacío abstracto y angustioso. La civilización española del siglo XVII se desenvuelve de espaldas al sexo y a la actividad económica e intelectual. Perseguir al sexo es perseguir la inteligencia en la medida en que la auténtica libertad intelectual implica necesariamente la libertad sexual, y viceversa. La represión de ambos se realiza, así, de modo simultáneo.

El sexo es la causa de todos los males y, para expresar la «pérdida y destrucción de España» en el siglo VIII —esto es, la de la monarquía visigoda—, el romancero popular inventa la leyenda del rey don Rodrigo que, enamorado de la hermosa Caba —del árabe *cahba*, lo prostituido—, abusa de ella y provoca la traición del padre, el célebre conde don Julián, quien, para vengarse, entregará España entera a los musulmanes. Este motivo popular encuentra su expresión más perfecta en el bellísimo poema de fray Luis de León «La profecía del Tajo»:

> *Folgaba el Rey Rodrigo*
> *con la hermosa Caba en la ribera*
> *del Tajo sin testigo;*
> *el pecho sacó fuera*
> *el río, y le habló de esta manera:*
>
> *En mal punto te goces,*
> *injusto forzador; que ya el sonido*
> *y las amargas voces*
> *y ya siento el bramido*
> *de Marte, de furor y ardor ceñido.*
>
> *¡Ay, esa tu alegría*
> *qué llantos acarrea! Y esa hermosa,*
> *que vio el sol en mal día,*
> *¡a España, ay, cuán llorosa*
> *y al cetro de los godos cuán costosa!*

Como dice Domingo, «la satisfacción de los apetitos sensuales fuera del orden establecido, social o religioso, provoca fabulosos desastres. Para explicar la presencia en

España del invasor musulmán es preciso haber ofendido al cielo, y eso por lo que el hombre tiene de más vil, según la óptica de los doctores de la Iglesia: el sexo... El árabe representa para el español el castigo impuesto a su falta». Nos hallamos, pues, ante una variante de la historia del pecado original y del paraíso perdido en la que, en lugar de la manzana, el señuelo sería la belleza de una doncella y el papel de Adán correspondería al último rey visigodo: la culpa de don Rodrigo habría provocado el castigo celeste de la invasión sarracena que «afrentó» a España por espacio de ocho siglos. Al mismo tiempo debemos admitir, con Dámaso Alonso, la casi perfecta similitud con la leyenda de la destrucción de Troya tal como la refiere Horacio: Paris-don Rodrigo, Elena-la Caba, destrucción de Troya-destrucción de España. En uno u otro caso, esta referencia al mito religioso o literario aclara las razones por las que, para los historiadores españoles antiguos o modernos, los árabes no fueron jamás españoles, y sí lo fueron, en cambio, los romanos o los visigodos: a sus ojos, los musulmanes simbolizaban oscuramente el mal, el pecado. Por culpa del lujurioso don Rodrigo, los españoles perdieron para siempre su inocencia. Víctimas del sexo, la maldición divina les impone la presencia de éste como una cruz, como un tormento del que sólo la muerte les podrá liberar.

Don Quijote, don Juan y la Celestina

En la literatura española de los siglos XVI y XVII echan raíces algunos de los mitos que devendrán más tarde el símbolo y, a veces, la máscara de los españoles: don Quijote, don Juan, la Celestina. Junto a la literatura representativa de la opinión cristiano-vieja (romancero, novela de caballería, drama de honor, auto sacramental), una minoría de disconformes (ordinariamente conversos o descendientes de ellos) produce una serie de obras cuyo común denominador pudiera cifrarse en la voluntad (más o menos abierta) de trastornar los valores establecidos y ofrecer la imagen de un mundo desquiciado en el que el margen existente entre el «ser» y el «deber ser», la realidad y el deseo constituye un abismo infranqueable. Una literatura, pues, menos armoniosa que conflictiva, y cuyo poder de provocación se disimula mediante la elaboración de un universo autónomo e imaginario (como en *El Quijote*) o de un mundo unidimensional, embebido de humor negro y de pesimismo. En el momento en que el ideal castellano del héroe religioso y guerrero que lucha por Dios y por la patria se convierte en una realidad exaltante y grandiosa, la novela picaresca crea la imagen invertida de él: el negativo fotográfico del antihéroe. Al linaje limpio e hidalgo de los cristianos de cepa vieja, el pícaro opone, con insolente orgullo, su antilinaje de ladrones, criminales, verdugos, brujas y prostitutas. Al heroísmo del soldado español, que combate por la fe contra turcos y protestantes y somete al

dominio del rey de España inmensas extensiones de tierra
desde California al estrecho de Magallanes, Estebanillo responde con la frase de «y así no me daba tres pitos que ba-
jase el turco, ni un clavo que subiese el persiano, ni que
cayese la torre de Valladolid. Echaba mi barriga al sol... y
me reía de los puntos de honra y de los embelecos del
pundonor». Alistado en los ejércitos españoles, el mismo
Estebanillo confiesa: «Yo iba a esta guerra tan neutral que
no me metía en dibujos ni trataba de otra cosa sino de
henchir mi barriga»; y, frente a la impaciencia de eternidad del «muero porque no muero», mantiene, con crudo
cinismo, su empeño de vivir «aquí y ahora»: condenado a
muerte por deserción e indultado al último momento,
escribirá burlonamente más tarde: «Los amigos me conso-
laban diciéndome que me animara, que aquél era camino
que lo habíamos de hacer todos, que sólo les llevaba la
delantera; y en lo último se engañaron, porque yo me he
quedado de retaguardia y ellos han llevado la delantera,
perdonando verdugos, pidiendo misas y haciendo alzar
dedos». En la picaresca nos movemos, pues, en un mundo
de antivalores (cobardía, robo, mentira, etc.) que contrasta
cruelmente con la imagen sublimada que el español se
esfuerza en dar de sí mismo y, en algunos casos extremos,
como en Estebanillo González, asistimos, de hecho, a una
tentativa de reivindicación de sentimientos y acciones
generalmente tenidos por viles y abyectos: el pícaro vive y
actúa en el *no man's land* que media entre la realidad y el
ideal, acampando en un presente mudable y problemático,
al margen de la sociedad y de sus principios.

El Quijote refleja igualmente la dualidad de la picaresca: don Quijote toma sus deseos por realidades y confunde
el «ser» con el «deber ser»; pero allí está, junto a él, Sancho
Panza, para restablecer la verdad y mostrar la distancia
que separa lo vivo de lo pintado. Desde hace tiempo, los
estudiosos de Cervantes han interpretado su héroe como
una parodia de los protagonistas de los libros de caballería

en una época en que las armas españolas empezaban a decaer y el país se arruinaba y los españoles perdían la confianza en sí mismos. Esto es probablemente cierto, pero la riqueza de la obra cervantina no se agota, ni mucho menos, en una sola interpretación. Cervantes maneja con mano maestra una ironía polifacética y su libro admite infinidad de interpretaciones. Don Quijote y Sancho son, sin duda, cara y cruz de una misma moneda, los elementos complementarios y opuestos que integran la moderna personalidad española (idealismo y materialismo, fe e incredulidad, etc.); pero muy pocos comentaristas han observado que las relaciones que se crean entre los dos personajes provocan una serie de influencias mutuas e interferencias. Ni don Quijote ni Sancho Panza son los mismos el día que el segundo decide servir al primero, o el día en que, vencido don Quijote por el Caballero de la Blanca Luna, regresa a morir a su aldea, escoltado de su fiel Sancho. Durante el período que media entre los dos episodios, Sancho se «quijotiza» y don Quijote se contamina a veces del realismo un tanto cínico de Sancho Panza. Así, mientras que, por seguir a su amo, el materialista Sancho renuncia al gobierno de su ínsula («Vuesas mercedes se queden con Dios y digan al Duque mi señor que desnudo nací, desnudo me hallo: no pierdo ni gano; quiero decir que sin blanca entré en este gobierno y sin ella salgo, bien al revés de como suelen salir los gobernadores de otras ínsulas»), don Quijote, consciente de los embustes de Sancho respecto de la imaginaria y burlesca excursión aérea a lomos de Clavileño, le responde: «Sancho, pues vos queréis que se os crea lo que habéis visto en el cielo, yo quiero que vos me creáis a mí lo que vi en la cueva de Montesinos. Y no os digo más». Como escribe el poeta Luis Cernuda: «Es quizá la única ocasión en que sorprendemos a don Quijote en una actitud semejante, como si él mismo dudara de la realidad de sus aventuras. Pero no deja de ser significativo». Españoles hasta la médula de los huesos, los personajes de Cervantes no emiten juicios lógicos, sino que se expresan, por lo común, mediante una terminología de valores. Para ellos, la razón o sinrazón está en las personas, no en la realidad objetiva de sus pensamientos —rasgo nacional éste que, todavía hoy, lleva a confundir autores y obras, a negar conceptos y abstracciones legales para buscar el «yo real» que se supone escondido tras ellos y a caer muy a menudo en el culto a la fobia, la adoración supersticiosa de las «figuras» o los estériles y vanos procesos de intenciones.

En *La Celestina* encontramos, por primera vez, una inversión de la jerarquía de valores que influirá luego, decisivamente, en la creación de la picaresca. Hasta entonces, en las novelas u obras dramáticas el amor entre los personajes se desenvolvía en un doble plano: amor ideal y sublimado, a lo Petrarca, entre los señores; amor carnal, «bajo», entre los servidores y personajes humildes. Américo Castro ha subrayado con acierto que en la obra de Rojas, mientras prostitutas como Elicia y Areusa se hacen cortejar como grandes damas, el amor de Calixto por Melibea es de un orden claramente sexual, teñido incluso de ciertos ribetes de sadismo: «No me destroces ni me maltrates como sueles —suplica Melibea—, ¿qué provecho te trae dañar mis vestiduras?». Las cortesanas se burlan alegremente de la elevada condición de la heroína y, expresando el sentir común de los conversos, condenados por la opinión cristiano-vieja, Areusa proclama: «Ninguna cosa es más lejos de la verdad que la vulgar opinión... Ruin sea quien por ruin se tiene; las obras hacen linaje, que al fin todos somos hijos de Adán y de Eva».

Si Fernando de Rojas se sirve de dos meretrices para exponer el punto de vista de los cristianos nuevos (él mismo era *ex illis*), Melibea y, sobre todo, Calixto encarnan, a su manera, el agudo conflicto que opone el antierotismo cristiano y la sensualidad musulmana. El personaje de Celestina, la vieja alcahueta, entronca con la literatura arábiga de Al-Andalus: morisca sin duda, como todas las hechiceras de la época, Celestina será el instrumento necesario para satisfacer la imperiosa y brutal pasión de Calixto. Éste, aunque noble y caballero, es ya, como los españoles futuros, una víctima de la lucha entre dos civilizaciones opuestas: la mahometana y la cristiana. Calixto tiene la sensualidad desbordante del musulmán y la conciencia atormentada del cristiano, o, si se quiere, un alma de cristiano y un cuerpo árabe. Desde la época de los Reyes Católicos, los escritores españoles suelen atribuir todos los desvíos, errores y herejías al sexo (Menéndez Pelayo es un ejemplo típico) y, en 1555, fray Felipe de Meneses no vacilaba en escribir: «Esta inclinación a la sensualidad, a mi juicio, no es natural de la nación española»; pero la realidad era muy otra, y los españoles de entonces, como los de ahora, viven en su carne y espíritu el insoluble conflicto. El pecado inherente al placer sexual encuentra un símbolo en la figura físicamente odiosa y repugnante de Celestina: en Calixto hallamos, en germen, el mito futuro de don Juan, que, desde Tirso a Zorrilla, fluye a lo largo de la literatura española y alcanza, a partir del siglo XVIII, dimensiones universales. Don Juan no es un homosexual que se ignora, como pretendía Marañón: es el resultado de la dualidad cristiano-musulmana y, por tanto, un personaje esencialmente español a quien la nostalgia del harén lleva a buscar su presa en la comunidad femenina que exteriormente más se le asemeja: el convento. Calixto y don Juan no podían surgir sino en España y, como don Quijote y los antihéroes de la picaresca, son una expresión literaria de la convivencia secular de españoles cristianos, musulmanes y judíos, convivencia cuya supresión ha marcado de modo profundo el carácter español y cuyas huellas advertimos aún en nuestros días.

¿Siglo de las Luces?

En las postrimerías de la dinastía de los Austrias, la parálisis del país es casi completa: tras la ciencia, el comercio y la técnica, la pintura, poesía, novela y teatro se extinguen, a su vez, paulatinamente. Poseídos de oscuros e inconfesables temores, íncubos y súcubos a un tiempo de sus aborrecidos apetitos y sueños, los españoles han procedido con orden y minuciosidad a la poda cruel e inexorable de sí mismos, a la expulsión y exterminio de los demonios interiores, arruinando por turnos, en aras del imposible exorcismo, el comercio, la industria, la ciencia, las artes. Aplastado, barrido, conjurado mil veces, el fantasma renace aún y, con él, el empeño tenaz de suprimirlo, de subir un peldaño más en la escala de lo inmanente y abstracto. Los demonios circulan ahora libremente por el país y se adueñan del espíritu del último e infeliz descendiente de los Reyes Católicos: Carlos II el Hechizado muere sin dejar sucesión y una guerra prolongada y sangrienta opone Felipe de Borbón al archiduque Carlos de Austria. Cuando el Tratado de Utrecht consagra el triunfo de la dinastía francesa, la frase de Luis XIV: *«Il n'y a plus de Pyrénées»*, no corresponde ya a realidad alguna: los Pirineos siguen en pie e, incluso, son más altos que nunca. El país vive sumido en la pobreza, la superstición y la ignorancia. Parece que el tiempo no corra, que se haya detenido. En su minucioso estudio de la España del siglo XVIII, Sarrailh observa: «La corte real, en sus pomposas manifestaciones exterio-

res, parece exaltar la belleza y grandeza de la inmovilidad.
Sometida a una etiqueta invariable, funciona conforme a
ritos tan sagrados como los de la religión. Los menores
gestos se hallan determinados por un reglamento tradicional». El mismo estupor general gobierna la vida del
campo: «El campo español es inmóvil. Repite los gestos
ancestrales. Cultiva la tierra del mismo modo que siempre. Sufre una miseria material lancinante y una aridez
espiritual y un vacío que confinan con la nada». La pobreza reinante en las ciudades es todavía mayor: «Esqueletos
de ciudades —escribe Jovellanos—, antaño populosas y
llenas de fábricas, talleres, almacenes y tiendas, hoy
pobladas de iglesias, monasterios y hospitales que sobrevi-
ven en la miseria que han causado». El número de vagos
y mendigos que invaden las calles alcanza, según Campomanes, la cifra de 140.000. Meléndez Valdés los pinta
harapientos, apestosos, famélicos, y Cabarrús observa
amargamente que «sería más fácil enumerar los raros
españoles que poseen todo, que la casi totalidad que no
poseen nada». En Sevilla existe incluso, por estas fechas,
una cofradía de ciegos que salmodian oraciones y cuyos
estatutos son reconocidos por la municipalidad (!). Un viajero incansable como Jovellanos describe el letargo de los
pueblos españoles, su angustiosa muerte lenta: aun en
los domingos y festividades, «reina en las calles y plazas
una perezosa inacción», «un triste silencio»; los transeún-
tes vagan de un lado a otro, sin rumbo determinado, y
pasan horas enteras, tardes enteras, aburridos y ociosos. Si
añadimos al cuadro «la aridez y suciedad de los pueblos, la
pobreza y abandono de sus habitantes, su aspecto triste y
silencioso», ¿cómo no afligirse con él de espectáculo tan
lastimero? Todos los testimonios de que disponemos acerca de la época coinciden en presentarnos un país adormecido y melancólico, aparentemente resignado a su suerte.
Cuando Casanova visitó la Península, esta resignación
suscita en él una cólera bastante comprensible: «¡Oh espa-

ñoles!... ¿Quién os sacudirá de vuestro letargo?... Pueblo hoy miserable y digno de piedad, inútil al mundo como a sí mismo, ¿qué os hace falta? Una revolución fuerte, un trastorno total, un choque terrible, una conquista regeneradora; pues vuestra atonía no es de las que se pueden destruir por medios simplemente civilizadores; es preciso el fuego para cauterizar la gangrena que os corroe». Pero las estadísticas son todavía más elocuentes. Al final del siglo XVIII, la población española contaba con unos diez millones de habitantes, de los cuales 1.400.000 pertenecían a la nobleza improductiva y más de 200.000 al clero regular y órdenes religiosas. En Castilla la Vieja existía un título nobiliario por cada tres habitantes, y uno por cada cinco en Navarra. En la única zona industrializada de la Península —Cataluña—, la proporción, en cambio, es de un 0,33 por ciento. A los viajeros y curiosos que ensalzaban la legendaria frugalidad de las gentes de la Península, el irlandés Bernard Ward respondió con pertinencia: «Hay ciertas virtudes mal entendidas que son vicios políticos y que constituyen un gran obstáculo para la industria. La frugalidad de los españoles es, en gran parte, la causa de su pereza: el que se contenta con poco para comer y vestir, si gana en tres días lo bastante para subsistir seis, no trabajará más que tres».

Sarrailh ha descrito con gran calor los sobrehumanos esfuerzos emprendidos por una minoría de «ilustrados» para arrancar al país de su somnolencia y torpor. Hombres como Feijoo y Jovellanos, Cadalso y Campomanes intentan destruir los prejuicios y supersticiones, colmar el retraso secular de España respecto a las demás naciones europeas. Obstinadamente se entregan a una labor pedagógica, al cultivo de las disciplinas más útiles al progreso de la sociedad. Jovellanos proclama la necesidad de la desamortización, postula una distribución más justa de la tierra, trata de desarraigar los hábitos mentales que han hecho imposible en España la creación de una riqueza secularizada y el robustecimiento de la clase burguesa. De modo incansable, repite que el comercio y la industria son los pilares de la prosperidad de un estado, y cita en su apoyo los ejemplos de Inglaterra y Holanda. Capmany, Foronda, Cabarrús luchan asimismo con denuedo contra la ignorancia nacional y la sorda hostilidad de sus compatriotas. Pero la tarea es excesiva y sus esfuerzos no obtienen la merecida recompensa. Durante el reinado de Carlos III, la política de algunos ministros «ilustrados» (Aranda, Floridablanca, Campomanes) permite abrigar alguna esperanza. Con Carlos IV y Godoy, todas las ilusiones se desvanecen. Los ilustrados predican en el desierto. Son un injerto, no un brote, del moribundo tronco nacional. Embebidos en el enciclopedismo, pretenden aclimatar en España las ideas francesas, sin tener en cuenta que éstas no pueden germinar en terreno tan yermo. Su cultura es una cultura importada, y el brillo de sus ideas, como señala Américo Castro, es el brillo reflejado del satélite, no la luz propia del astro. Las disciplinas científicas y humanistas han desaparecido por completo de las universidades españolas: en ellas no se enseña ni matemáticas, ni física, ni anatomía, ni historia natural, ni derecho de gentes, dirá irónicamente Cadalso, sino casuística y silogismos. Se discute acerca de la constitución de los cielos: ¿están hechos del metal de las campanas o son líquidos, como el vino más ligero? Andrés Piquer y Vicente Calatayud polemizan sobre si los ángeles pueden o no transportar seres humanos, por los aires, de Lisboa a Madrid. Y Desdevises du Dézert nos informa de cierta duquesa que, para restablecer la salud de su hijo, le hace administrar, «parte en poción, parte en lavativa, un dedo de san Isidoro reducido a polvo».

Las sátiras de Feijoo contra las brujerías y supersticiones caen en el vacío: demonios, brujas y monstruos campan a sus anchas por la Península, esperando el grabado o el aguafuerte de Goya que los inmortalice. La Inquisición acosará hasta 1820 la curiosidad intelectual de los españoles. «El español que publica sus obras hoy —explica Cadalso— las escribe con inmenso cuidado y tiembla cuando llega el tiempo de imprimirlas... De aquí nace que muchos hombres cuyas composiciones serían útiles a la patria las oculten; y los extranjeros, al ver las obras que salen a la luz en España, tienen a los españoles en un concepto que no merecen. Pero, aunque el juicio es falso, no es temerario, pues quedan escondidas las obras que merecían aplausos. Yo trato poca gente; pero aun entre mis conocidos me atrevo a asegurar que se pudieran sacar manuscritos muy preciosos sobre toda especie de erudición, que actualmente yacen como el polvo en el sepulcro cuando apenas han salido de la cuna... De otros puedo afirmar también que, por un pliego que han publicado, han guardado noventa y nueve». Como en épocas anteriores, la represión del Santo Oficio actúa en un doble plano: intelectual y sexual. Los viejos espectros de la inquietud intelectual judaica y de la sensualidad musulmana obseden aún a los inquisidores cuando, desde hace siglos, no hay ya en la Península ni mahometanos ni judíos. La actividad intelectual ha cesado y el despertar no puede venir sino de fuera: la Inquisición intentará, pues, por todos los medios, prevenir el contagio. En 1502, como hemos visto, los Reyes Católicos habían prohibido la importación de libros a fin de impedir la difusión de las ideas de los judíos españoles expulsados que, en Francia, Inglaterra u Holanda, se expresaban, por fin, libremente. En el siglo XVIII, la vigilancia se centra, sobre todo, en las ideas enciclopedistas. Los libros de Voltaire, Rousseau, Montesquieu, Diderot, D'Alambert, Holbach y Mirabeau son perseguidos con saña. Un oficial de Marina será acusado de tener en su domicilio un busto de Voltaire. El informe de los censores españoles sobre las *Confesiones* de Rousseau revela la doble obsesión que antes mencionábamos: su autor no es sólo herético e impío, sino que se complace en «descrip-

ciones obscenas» y «relata aventuras reales o supuestas
con personas del otro sexo capaces de excitar en los lectores ideas libidinosas e impuras». Y cuando Olavide compa-
rece ante el tribunal de la Inquisición, el acta de acusación
no se contenta con referir sus «herejías»: le acusa, asimismo, de poseer cuadros representando «desnudos femeninos». Pero la referencia de la lucha que opuso los ilustrados a la España dormida e inerte sería demasiado extensa.
Como decía amargamente Blanco White, para conocer el
nombre de los españoles que tuvieron pensamiento propio
bastaría consultar, simplemente, los registros del Santo
Oficio. A su manera, Blanco repetía, sin saberlo, aquella
célebre frase de Bossuet: *«Un hérétique est celui qui a une
opinion».* Para tranquilizar al lector, agregaremos que en
España ha habido, desde siempre, muy pocos herejes.

El mundo de Goya

Examinemos ahora esta sociedad española de 1800 cuya imagen ha llegado hasta nosotros gracias al genio pictórico de Goya. Aunque agrupada en torno a la Corte, la aristocracia ha adoptado desde hace algún tiempo los gustos y aficiones del bajo pueblo. Verbenas populares y corridas de toros alternan, pues, con recepciones palaciegas y ceremonias religiosas. Sobre el fondo gris y ocre de los lejanos edificios de la capital, carrozas, tiendas de campaña, parasoles cubren la bulliciosa «Pradera de San Isidro». Goya nos ha dejado una impresionante galería de retratos de los personajes alrededor de los cuales orbitaba la somnolienta vida nacional: ministros, duquesas, grandes de España, infantes y príncipes con sus uniformes, condecoraciones, cintas de colores, espadas, joyas, pendientes, collares. Pero el más extraordinario de todos es, sin duda, el de la familia real de Carlos IV, que se conserva en el Museo del Prado. Mientras Velázquez había exaltado e idealizado mediante el color a los monarcas y príncipes de la Casa de Austria (incluso al desdichado Carlos II), el pincel de Goya es infinitamente más crudo. El espectador queda sobrecogido de la crueldad con que el pintor ha trazado los rasgos del rey y de la reina María Luisa y se pregunta cómo los monarcas pudieron permitir tal ultraje. La explicación más plausible sería ésta: la realidad sobrepasaba la ficción. Hablando de la reina, ¿no había dicho Napoleón: *«Elle a son coeur et son histoire sur sa physonomie et cela dépasse tout ce qu'on peut imaginer*»? En cualquier caso, resulta evidente que Goya había dejado de creer en la realeza y que, como observa André Malraux, el rey encarnaba, a sus ojos, «el símbolo de lo absurdo universal». Cuando, en sus recientes memorias, John Dos Passos evoca su visita al palacio real de Madrid poco antes de la caída de la monarquía y nos describe el rostro céreo, los ojos muertos y la mandíbula prognata del último monarca español anterior a la República, el efecto de la pesadilla es el mismo.

En sus admirables *Letters from Spain*, Blanco White describe con gran ironía la fauna de cortesanos y pretendientes venidos de todos los rincones de España con la esperanza de obtener un cargo o prebenda gracias a la intervención de la reina o de su favorito Godoy: «Como los carruajes de alquiler no se conocen, ni en Madrid ni en los Sitios, hay algo que a la vez inspira compasión y risa en la aparición de estos jueces, intendentes y gobernadores en embrión, saliendo en traje de gala, después de una laboriosa *toilette*, a emprender su camino por en medio del barro, dirigiendo a menudo ansiosas miradas a encajes, lazos y vuelillos, artísticamente adosados a las mangas y al chaleco, por si cualquier accidente pudiera denunciar la sucia y descolorida camisa que tanto empeño hay en ocultar. Así llegan aperreados a palacio, a vagar horas y horas por aquellas galerías hasta que consiguen hacerle una reverencia al ministro o al elevado personaje en quien cifran sus esperanzas. Cumplido este deber, marchan a casa a comer una comida modestísima y escasa, a menos que su buena estrella les depare alguna invitación. Por la tarde deben presentarse en el paseo público, donde la familia real toma el aire libre diariamente; después se completa el día asistiendo a la tertulia de alguna dama de la Corte, si han tenido la suerte de obtener su venia para hacerle presentes sus respetos; los que visitan Madrid y los Sitios, sin tener que buscar el favor de la Corte, encontrarán diversión por algún tiempo en la vista de estas curiosas escenas; por lo demás, la Corte de España es muy triste, tiesa y ceremoniosa, para que nadie pueda encontrar distracción en ella».

Junto a los retratos de los reyes, cortesanos y aristócratas, Goya nos ha legado un espléndido, personalísimo testimonio de la vida española de su tiempo. Su visión de la sociedad no es solamente racionalista y lúcida: posee, asimismo, una dimensión que hoy calificaríamos de «nietzscheana». Por primera vez en la historia de la pintura, la crítica abandona el campo de la moral para enraizar, como en Sade, en zonas mucho más profundas y oscuras. En sus *Caprichos*, en sus *Desastres de la guerra*, en sus *Disparates*, Goya osa enfrentarse abiertamente a los demonios que enseñorean el subconsciente de sus paisanos: monstruos, pesadillas, fantasmas, escamoteados durante siglos y siglos, abandonan sus guaridas sombrías y, liberados por él, cobran, de pronto, una angustiosa y terrible precisión. Como dice Malraux, su voz no es solamente la suya: es la voz amordazada de España. Desde la época de los Reyes Católicos, conforme la atmósfera de asfixia intelectual se acentuaba y su situación devenía dramática, los escritores españoles de casta hebrea se habían refugiado en la conciencia de su propia soledad y expresaban su discrepancia respecto a la tiranía de la opinión cristiano-vieja en forma indirecta y oblicua: evasión a un mundo ideal en santa Teresa y fray Luis de León, pesimismo cósmico en Alemán, etc.; en Cervantes, la dimensión irónica, incomprendida o mal interpretada hasta fecha muy reciente, debía permitirle la creación de la obra literaria española más significativa y densa de todos los tiempos. En el siglo XVIII, los ilustrados, al rebelarse contra la opresión y el oscurantismo imperantes, lo hacen en nombre de la razón, de manera puramente defensiva: su literatura es una literatura «comprometida» en la medida en que se propone enterrar la superstición, combatir la ignorancia, educar al pueblo, pero su impugnación del mito estético, religioso y moral en que se fundó la grandeza imperial de Castilla (y su ruina subsiguiente) carece de dimensión imaginativa: es una crítica pedestre, a ras de suelo. En Goya tan sólo encontramos una alianza integral de imaginación y razón que adopta, a menudo, la apariencia de un delirio. En él, y únicamente en él, nos hallamos en presencia de un universo de una verdad e intensidad superiores a las del mito histórico-cultural que refuta. Su obra entronca, así, con el solitario desafío de un Nietzsche, de un Lautréamont o de un Sade. Estos rostros suyos —ajenos, inmóviles y como indiferentes— de mujeres acosadas de demonios y monstruos, ¿no ilustran, acaso, la sorprendente actitud de Justine? La heroína de Sade soporta, en efecto, con el más perfecto despego las sucesivas violaciones y torturas de los libertinos con quienes tropieza y, como a las criaturas de Goya, la total ausencia de voluntad, inteligencia y memoria la mantiene en un perpetuo estado de inocente y bestial estupefacción. En su célebre ensayo sobre el padre de la pintura moderna, Malraux observa que, si «Bosch introducía los hombres en su universo infernal, Goya introduce lo infernal en el universo humano». Deliberadamente, Goya rompe con la voluntad de armonía de Velázquez, reivindica el horror como deliberado ingrediente artístico: «como los ojos de los gatos, su imaginación no se alumbra más que de noche». Pero los demonios goyescos no son el fruto de una imaginación enfermiza. Las brujas, fetos, gigantes, enanos, hombres-libélula, perros y toros voladores, chivos satánicos, íncubos, súcubos, que afloran con violencia brusca a la superficie del país, devastado por los horrores de la guerra y de la resistencia nacional a los invasores, existían ya en la conciencia de los españoles antes de imponerse en los aguafuertes y grabados de Goya con la sobrecogedora y fulgurante evidencia de una aparición.

Desde la Baja Edad Media, los documentos mencionan la existencia de conjuros y ceremonias, sahumerios y sacrificios, apariciones diabólicas y nocturnos aquelarres. Las brujas españolas realizan fantásticas cabalgatas aéreas montadas en machos cabríos, escobas o cañas. En la época de los Reyes Católicos, la creencia popular atribuye los maleficios e invocaciones diabólicas a los moriscos. El diablo suele expresarse en lengua arábiga y manifiesta un vivo interés por las cuestiones del sexo. En 1537, la Inquisición prendió a una cincuentena de mujeres que confesaron haber tenido trato carnal con el demonio, el cual solía aparecérseles, a veces en forma de hombre fornido y velludo y otras en figura de un negrísimo chivo. El morisco Román Ramírez, que sirvió de modelo a uno de los personajes dramáticos de su contemporáneo Ruiz de Alarcón, viajaba a caballo por los aires y había hecho un pacto con el diablo, por cuya razón fue encarcelado y condenado por el Santo Oficio en 1600. Diez años después, un diablo en forma de sátiro presidía los aquelarres en dos pueblecitos navarros y los asistentes lo adoraban con genuflexiones y besos antes de parodiar sacrílegamente la misa y entregarse a toda clase de obscenidades: los acusados admitieron no sólo sus brujerías, sino que se reconocieron reos de sodomía y homicidio y tortura de niños. Los escritores del Siglo de Oro aluden igualmente en sus obras a la existencia de nigromantes y demonios. En el *Coloquio de los perros*, Cervantes nos describe con ironía los prodigios de tres hechiceras y, durante el maravilloso episodio de la aventura de Clavileño, don Quijote evoca la historia del licenciado Torralba, a quien los diablos llevaron por el aire hasta Roma para contemplar el saco de la ciudad por las tropas del condestable de Borbón y que, según la creencia popular, regresó de nuevo a Valladolid después de doce horas de vuelo. En *La inocencia castigada*, María de Zayas presenta un nigromante moro que, por medio de la figura desnuda de una dama hecha de cera y con el corazón atravesado de alfileres, facilitaba la posesión carnal del modelo auténtico por su desdeñado galán.

Pero ni todos los hechizos eran tan fantásticos como los que inventaba la imaginación popular ni tan inofensivos como los que nos refiere Cervantes. Demonios mucho más reales y concretos amenazaban a numerosos españoles de sangre «no limpia» y sospechosos, por tanto, de herejía o de judaísmo. Sus compatriotas vivían obsesionados por la existencia de fantasmales enemigos interiores y, para combatirlos, el Santo Oficio había montado un formidable aparato de delación, vigilancia y tortura. Los teólogos admitían esta última considerándola no sólo beneficiosa para el bien común de la sociedad, sino también para el del propio reo, y el magistrado Gonzalo Suárez de la Paz enumera las distintas clases de tormento y sus ventajas respectivas: «Los géneros que más se usan son: el primero, de agua y cordeles; el segundo, de garrucha; el tercero es del sueño; el otro de ladrillo, y el otro, de tablillas...». La doble represión del sexo y de la inteligencia había trauma-tizado profundamente a los españoles, pero nadie hasta Goya tuvo el valor de sacar a la luz lo que permanecía sepultado en el arcano de las conciencias. Goya no se pro-ponía, como se propondrá más tarde Balzac, competir con el registro civil: su propósito era más bien, diríamos hoy, el de psicoanalizar a los españoles. En lugar de perseguir la «realidad» para copiarla, su arte pictórico se funda en la exploración audaz del subconsciente, en la verdad reve-lada del sueño. De nuevo podemos emparentar aquí su tentativa con la filosofía de Sade o de Nietzsche. Cuando aquél desenmascara la violencia inherente a la condición humana, violencia revestida hasta entonces de pretextos morales o metafísicos (desde la razón de Estado a los sacrificios religiosos), revelándonos así la existencia de impulsos crueles oscuramente ligados al sexo que la razón no ha sabido explicar (y la generalización del término «sádico» es la prueba palmaria de la realidad universal de este instinto hasta entonces innominado), realiza una labor terapéutica de extraordinaria importancia. Como escribe Georges Bataille: «Por regla general, el verdugo no emplea el lenguaje de una violencia que ejerce en nombre de un poder establecido, sino el del poder, que la excusa aparentemente, la justifica y le da una razón de ser respetable. El violento tiende a callar y a acomodarse con tal engaño. Por su parte, el espíritu de engaño abre la puerta a la violencia. En la medida en que el hombre tiene ansias de atormentar, la función de verdugo legal representa la facilidad: el verdugo habla a sus semejantes, si lo hace, el lenguaje del Estado. Y si actúa bajo el dominio de la pasión, el silencio taimado en el que se recrea le da el único placer que le conviene... Así, la actitud de Sade se opone a la del verdugo, de la que es el perfecto contrario». Padre de la pintura moderna, Goya anticipa, igualmente, la aventura intelectual de Freud y del surrealismo: los autos de fe y corridas de toros, en los que los españoles liberan sus seculares inhibiciones, hallan por primera vez, gracias a él, una interpretación que, abandonando las apariencias seductoras del folclore y de lo pintoresco, cala en las entrañas de una motivación infinitamente más real y profunda.

En los *Desastres de la guerra*, Goya parece adivinar las leyes del ciclo clínico que regirá hasta el día de hoy la historia de los españoles y en el que al frenesí y desatino de las crisis (revoluciones, guerras civiles) suceden largos períodos de calma, embrutecimiento y modorra (regímenes de fuerza, dictaduras militares). Sacrificada la convivencia de las castas en aras de una ilusoria unanimidad, la intolerancia devendrá, desde el siglo XVI, una virtud a ojos de los españoles, independientemente de sus opciones políticas o religiosas. Una de las figuras más importantes de la segunda mitad del siglo XIX, Marcelino Menéndez Pelayo, resume así la opinión de la mayoría de sus paisanos: «La llamada tolerancia es virtud fácil; digámoslo más claro: es enfermedad de épocas de escepticismo o de fe nula. El que nada cree, ni espera en nada, ni se afana y acongoja por la salvación o perdición de las almas, fácilmente puede ser tolerante. Pero la mansedumbre de carácter no depende sino de una debilidad o eunuquismo del entendimiento». En estas condiciones psicológicas, es obvio que la sociedad española no podía crear fácilmente una fórmula de convivencia factible: el desacuerdo debía desembocar fatalmente en las guerras carlistas del siglo XIX y el millón de muertos de los años 1936-1939. Si, como decía irónicamente Larra, «España se ha dividido siempre en dos clases: gentes que prenden a gentes que son prendidas», el arte visionario de Goya supone una severa advertencia en la medida en que aventura una inquietante profecía. Los cadáveres fusilados, ahorcados, mutilados que obsesivamente se suceden en sus grabados evocan irresistiblemente las ejecuciones y matanzas que ensangrentarán más tarde el suelo nacional. Incendios, pillajes, asesinatos, mujeres violadas cobran así, *a posteriori*, un significado premonitorio y siniestro. La denuncia de esa violencia latente que busca y encuentra, en cada época, el pretexto que le permite manifestarse aparece en él desprovista de toda clase de oropeles. Así se aclara por qué las luchas civiles por cuestiones políticas, sociales, religiosas, artísticas, etc., revierten entre españoles una violencia desproporcionada al objeto: y es que el objeto es otro. Conflicto de creencias o ideologías opuestas, sin duda; pero sólo el «cainismo» y la vieja saña hispana pueden explicar su prolongado rigor y sus atrocidades. En los restantes países europeos (fundados en una necesaria antinomia de valores y contravalores) hubiesen resultado imposibles. Pero Américo Castro nos señala, con razón, que no debemos medir con el mismo rasero a España y aquéllos. En Occidente, durante los siglos XVI y XVII, escribe el ilustre historiador, «católicos y protestantes se mataban unos a otros no por motivos de honra, sino por cuestiones de soberanía, de libertad de conciencia, de economía, de crítica intelectual; por razones, en último término, objetivas, no de inmanencia existencial». En España, como hemos visto, las cuestiones de honor predominaron siempre sobre el interés económico («Más vale honra sin barcos que barcos sin honra», dirá, en pleno siglo XIX, el almirante Méndez Núñez), y habrá que esperar el despegue económico y la invasión turística de los años sesenta para que los valores de la moderna sociedad industrial arraiguen por fin en la inmensa mayoría de los españoles y asistamos a lo que podríamos llamar actual proceso de «rejudificación».

La Biblia en España

El 1 de enero de 1836, comisionado por la British and Foreign Bible Society, George Borrow, conocido más tarde por sus numerosos amigos madrileños como «Don Jorgito el Inglés», atraviesa la frontera española desde Portugal con el propósito de difundir en nuestro país las luces del Evangelio. En Badajoz tropieza con una tribu de gitanos y, experto conocedor de sus costumbres e idioma (según nos informa complacientemente el propio Borrow, poseía a la perfección una buena docena de lenguas), intima en seguida con ellos, lo que le vale ser escoltado por uno de la cuadrilla y recibir las proposiciones matrimoniales de una gitana que, por seguirle a la capital, se declara dispuesta a robar y decir la buenaventura. Montado en un borrico hace su entrada en Madrid, se hospeda en una típica posada de la calle de la Zarza, entra en contacto con la burocracia ministerial para obtener el permiso de editar en castellano y sin notas el Antiguo y el Nuevo Testamento, presencia los combates callejeros que suceden al célebre motín de La Granja. En octubre del mismo año va a su país a fin de informar a la Sociedad Bíblica de sus proyectos y, aprobados éstos, vuelve a España, desembarcando en Cádiz el 22 de noviembre. Tras atravesar una Andalucía asolada por las bandas de facciosos partidarios de don Carlos, Borrow llega sin novedad a Madrid, donde obtiene, a la postre, la suspirada autorización de repartir personalmente la Biblia por los pueblos, y emprende a continuación un largo y accidentado viaje de propaganda por Castilla la Vieja, León, Galicia y Asturias. De regreso a la capital, edita una traducción del Evangelio de san Lucas al caló, hecha por él mismo, y otra del mismo Evangelio al vascuence, pero sus actividades de proselitismo suscitan pronto una enconada reacción de los medios conservadores y eclesiásticos: en enero de 1838, la policía secuestra los libros existentes en la tienda abierta por Borrow y, en mayo, el propio Borrow es encarcelado por desacato a la autoridad. Liberado gracias a una enérgica intervención del embajador británico, prosigue, impertérrito, la difusión del Evangelio por ambas Castillas antes de dirigirse de nuevo a Inglaterra para discutir la situación con sus superiores y ganarlos a sus ideas y planes. Zanjadas las diferencias, se traslada a España por tercera y última vez: de Cádiz a Madrid, de Madrid a Sevilla, ejerce su infatigable y pintoresco apostolado sin arredrarse ante los obstáculos que se interponen y acumulan en su camino. Poco a poco, no obstante, su estatus personal deviene precario y en 1840 embarca definitivamente para Inglaterra. Publicada dos años más tarde, su obra *La Biblia en España*, fruto de sus experiencias y andanzas por la Península, le otorgó una inmediata y bien merecida notoriedad. Junto con las ya mencionadas *Cartas de España*, de Blanco White, es, probablemente, el documento humano más vivo y fresco, revelador y valioso de que hoy disponemos sobre la España y los españoles de la primera mitad del siglo XIX. Como dice su traductor, Manuel Azaña, «Borrow lucha a brazo partido con la realidad española, la asedia, poco a poco la domina y, con la lentitud peculiar de su procedimiento, acaba por poner en pie a una España rebosante de vida... Labradores, arrieros, posaderos, gitanos, curas de aldea, monterillas, mendigos, pastores pasan ante nosotros y, al verlos gesticular y oírlos hablar, creemos encontrarnos con antiguos conocidos. Unos son pícaros, otros santos; unos son listos, otros muy zotes; casi todos groseros, muchos con sentimientos nobles, pero unidos en general por un aire de familia inconfundible; y la verdad es que, con todas sus picardías o su zafiedad, no puede uno dejar de quererles. Tuvo, además, Borrow una espléndida visión del campo, y lo sintió e interpretó de modo enteramente moderno. Así, don Jorge descubrió y pintó, en realidad, lo que quedaba de España. Arrancados los árboles, agostado el césped, arrastrada en mucha parte la tierra vegetal, asomaba el armazón de roca, con toda su fealdad y su inconmovible firmeza».

El lector de hoy se ve obligado a examinar las razones por las que los dos testimonios de la época más significativos y válidos fueron obra de un expatriado (Blanco White) y de un forastero (Borrow). Trasplantado a orillas del Támesis y escribiendo en inglés, Blanco disfrutaba, sin duda, de una independencia de juicio y libertad de criterio de los que no disponían sus colegas de la Península, sumergidos en el remolino de las breves insurgencias revolucionarias o aplastados por la paz sepulcral de los gobiernos conservadores. Pero ¿y Borrow? Su estancia en el país totalizaba apenas los tres años, y su formación, su cultura, su sensibilidad, su inteligencia eran muy distintas, si no enteramente opuestas, a las de los españoles. ¿Cómo explicar, entonces, que su libro diese justamente en el blanco y los de los escritores peninsulares naufragaran, por lo común, en la trivialidad o en la retórica? Un análisis de la literatura española del siglo XVIII y primera mitad del XIX nos permite esclarecer un tanto la cuestión. Ilustrados y liberales (Feijoo, Cadalso, Meléndez, Jovellanos, Antillón, Quintana, etc.) defendían una literatura «militante», destinada a propagar verdades al pueblo; como la mayor parte de los escritores de mi generación, analizaban la sociedad del país desde un ángulo exclusivamente moral y crítico: la literatura debía ser, ante todo, útil; convertirse en un instrumento de combate. Anticipándose a Marx, no se proponían explicar el mundo, sino transformarlo (en su

caso sería mejor decir: corregirlo y mejorarlo). De todo
este período, solamente Larra logra escapar (mediante
una tensión que le abocará fatalmente al suicidio) al dilema que, de modo inexorable, se plantea el intelectual
moderno entre estética y moral, acción y contemplación,
comprensión y crítica. En efecto: renunciando a uno de los
términos de la antítesis, nuestros escritores miraban a
menudo sin ver: sus obras evidencian un neto desprecio
hacia aspectos de la vida española sugestivos y originales.
Para Borrow (como para Brenan o Hemingway un siglo
más tarde), el problema no era el mismo. Para él resultaba
difícil resistir, viniendo de otro medio (y en particular, de
una sociedad en plena transformación industrial), a esa
especie de atractivo y seducción que ejercen sobre el
forastero las sociedades económicamente subdesarrolladas. Los españoles no podían captar las virtudes humanas
del mundo preindustrial en que vivían porque, precisamente, estaban intentando escapar de él y caminaban,
por así decirlo, con anteojeras. Como señala Lévi-Strauss,
«tratándose de sociedades diferentes, todo cambia: la objetividad nos es concedida graciosamente. No siendo agen-
tes, sino espectadores de las transformaciones que se operan, nos es tanto más fácil poner en la balanza su pasado y
su devenir cuanto que éstos sirven de pretexto de contemplación estética y de reflexión intelectual, en lugar de
manifestarnos su presencia en forma de inquietud moral».
Borrow no busca un pintoresquismo fácil a la manera de
un Merimée o un Washington Irving. Su curiosidad intelectual, su fino sentido del humor, su cálida simpatía
humana le permiten registrar fielmente toda una serie de
hechos, situaciones, reacciones psicológicas que son —o
han sido— inconfundiblemente españolas, al menos hasta
fecha muy reciente. Su retrato de los pueblos peninsulares
no es angustioso y lúgubre, como lo es, por ejemplo, el de
un Jovellanos: éste rehúsa toda contemplación estética,
mira a veces sin ver, compara el deprimente «ser» con el

«deber ser», juzga y analiza las cosas desde un punto de vista exclusivamente moral. Borrow, sin abandonar por eso su sentido crítico, sabe captar el «encanto» de nuestro atraso y examina con afectuosa ironía nuestras costumbres primitivas y casi tribales. Así, mientras se dirige a Madrid con su acompañante gitano, es detenido por un guardia nacional, analfabeto él, que observa con excusada sospecha su extrañísimo atuendo.

«—¿Tiene usted pasaporte? —me preguntó, al fin, el nacional.

»Recordé haber leído que el mejor modo de conquistar la voluntad de un español es tratarlo con ceremoniosa cortesía. Eché, pues, pie a tierra y, quitándome el sombrero, hice una profunda reverencia al soldado constitucional, diciéndole:

»—*Señor nacional*, ha de saber usted que yo soy un caballero inglés que viaja por su gusto. Tengo pasaporte, y en cuanto usted lo examine verá que se halla perfectamente en regla; está expedido por el gran lord Palmerston, ministro de Inglaterra, de quien, naturalmente, habrá usted oído hablar; al pie del pasaporte está su firma manuscrita; véala y regocíjese, porque acaso no vuelva a presentársele a usted otra ocasión de verla. Como yo tengo ilimitada confianza en el honor de todos los caballeros, dejaré el pasaporte en manos de usted mientras voy a comer a la posada. Cuando lo haya usted revisado, será usted seguramente tan amable que vaya a devolvérmelo. Caballero, beso a usted la mano.

»Le hice una nueva reverencia, que él me pagó con otra más profunda todavía, y, mientras miraba tan pronto el pasaporte como a mi persona, me fui a la posada, guiado por un mendigo que hallé al paso.»

El mismo sentido del humor, la misma ironía presiden la minuciosa descripción de sus tropiezos con la naciente burocracia ministerial madrileña. El gobierno estaba entonces en manos de los liberales progresistas: Mendizábal, uno de los hombres más odiados por la reacción, había procedido a la desamortización de los señoríos civiles y de los bienes eclesiásticos y, cuando Borrow le visita para solicitar la libre impresión de las Escrituras, exclama:

«—¿Qué singular desvarío les impulsa a ustedes a ir por mares y tierras con la Biblia en la mano? Lo que aquí necesitamos, mi buen señor, no son Biblias, sino cañones y pólvora para acabar con los facciosos y, sobre todo, dinero para pagar a las tropas. Siempre que venga usted con esas tres cosas, se le recibirá con los brazos abiertos; si no, habrá usted de permitirnos prescindir de sus visitas, por mucho honor que nos dispense con ellas».

Sin desanimarse por tal acogida, Borrow insiste, aprovechando el nuevo cambio ministerial: los liberales moderados Istúriz y Alcalá Galiano (nuestro mejor crítico literario de la época, junto con Blanco) han provocado la caída de Mendizábal y, recomendado por el segundo, Borrow es recibido con «seductora cortesía» por el ministro del Interior, el poeta y dramaturgo duque de Rivas. Éste lo envía a su secretario, el cual, secamente, le rehúsa la autorización, invocando una cláusula del Concilio de Trento. Borrow recurre entonces al embajador inglés y, provisto de una carta de él, visita otra vez al duque, de quien dice: «Estuvo diez veces más bondadoso y afable que antes; leyó la carta, sonrió con la mayor dulzura y luego, como poseído de súbito entusiasmo, extendió los brazos de un modo casi teatral, exclamando: *Al secretario; él hará por usted el gusto*. De nuevo me precipité al secretario, que me recibió con frialdad glacial. Le referí las palabras de su jefe y le entregué la carta que me había escrito el ministro británico. El secretario la leyó con atención y me dijo que, evidentemente, su excelencia se había tomado interés en el asunto. Me preguntó después mi nombre y, tomando una hoja de papel, se sentó como si fuera a escribir el permiso. Yo estaba en mis glorias. De pronto, el secretario se detuvo, alzó la cabeza, pareció reflexionar un momento y, poniéndose la pluma detrás de la oreja, dijo: "Entre los decretos del Concilio de Trento se cuenta uno..."». Algo corrido, Borrow se dirige de nuevo, días más tarde, a Alcalá Galiano, quien le acompaña en persona al ministerio del Interior y discute en voz baja con el secretario del duque. El asunto queda aparentemente resuelto y se despide. A solas con Borrow, el secretario aprueba sus razones y admite que la regeneración moral de España depende de la libre circulación de las Escrituras. Pero de nuevo saca a relucir el Concilio de Trento y Borrow se va sin conseguir el permiso.

Para quien haya tenido ocasión de ver de cerca la burocracia española —independientemente de la coloración política del gobierno al que sirve—, no cabe la menor duda de que la pintura de Borrow conserva, por desdicha, una mordiente actualidad. Los testimonios que pudiéramos citar —escalonados durante más de un siglo— llenarían fácilmente las páginas de un libro. Este mundillo madrileño de favoritismos y zancadillas, cruelmente retratado en algunas novelas de Galdós, ha sobrevivido, en efecto, a todos los temporales con sus ritos, esperas, promesas, decepciones, enchufismo. Las eternas figuras del pretendiente y del cesante, presos en el engranaje inhumano de la maquinaria oficial, alcanzarán pronto una dimensión trágica: tal es la amarga historia de la familia de don Ramón Villaamil en *Miau*, que desemboca en el suicidio del protagonista.

El mismo humor y cordialidad embeben las sabrosas y coloridas descripciones de una serie de personajes altamente representativos de la moderna historia de España: el cura carlista, el bravucón liberal, el guardia suspicaz y quisquilloso. Ejemplo del primero, este anciano eclesiástico que, oculto en una extraña casa de huéspedes de Córdoba (los liberales le persiguen), explica en los siguientes términos a Borrow las razones del culto español a la Virgen: «Cualquiera que vaya a visitar mi iglesia, y la contemple tal como en ella está, *tan bonita, tan guapita*, tan bien vestida y gentil, con aquellos colores, blanco y carmín, tan lindos, no necesitará preguntar por qué se adora a María Santísima».

Baltasar, hijo de la propietaria de la posada madrileña donde se hospeda Borrow, encarna perfectamente, por su parte, el tipo español de matón que tanto abunda y se manifiesta en los frecuentes períodos de agitación y de crisis: alegre y brutal, simpático unas veces, odioso las más e irresponsable siempre. Quienquiera que haya vivido la atmósfera heroica y mezquina, admirable y abyecta de los años 1936-1939 podrá situar fácilmente en cualquiera de los dos bandos el personaje de Baltasarito:

«—¿Son muy duras las obligaciones de un nacional?

»—Nada de eso. Estamos de servicio una vez cada quince días... Las obligaciones son ligeras y los privilegios grandes. Por ejemplo: yo he visto a tres compañeros míos pasearse un domingo por el Prado, armados de estacas, y apalear a cuantos les parecían sospechosos. Más aún: tenemos la costumbre de rondar de noche por las calles y, cuando tropezamos con alguien que nos desagrada, caemos sobre él y, a cuchilladas o bayonetazos, lo dejamos, por lo común, en el suelo revolcándose en su sangre. Sólo a un nacional se le permitiría hacer tales cosas.

»—Supongo que todos los nacionales serán de opinión tan liberal.

»—¡Qué quiere usted, *don Jorge*! Soy joven, y la sangre joven hierve en las venas. Los nacionales me llaman el alegre Baltasar, y mi popularidad se funda en la jovialidad de mi carácter y en mis ideas liberales. Cuando estoy de guardia llevo siempre la guitarra, ¡y si viera usted qué *función* se arma!... Mandamos por vino y los nacionales se pasan la noche bebiendo y bailando, mientras Baltasarito toca la guitarra y canta canciones...».

Durante su viaje por Galicia, Borrow visita un castillo

ruinoso y es apresado por un destacamento de soldados, allí de facción. Su conversación con los suboficiales nos la transmite del siguiente modo:

«—Hace media hora que estamos vigilándole a usted, mientras hacía observaciones.

»—Pues se han tomado ustedes un trabajo inútil. Soy inglés, y me entretenía en contemplar la bahía.

»—Sospechamos que es usted un espía.

»—¿De veras?

»—Sí, y en estos últimos tiempos hemos cogido y fusilado varios».

Finalmente, todo se arregla con reverencias corteses y la visita obligada al domicilio del gobernador. (Ciento veinte años después me ocurrió a mí un lance parecido cuando me disponía a visitar la polvorienta biblioteca municipal de un pueblo andaluz. El guardia civil que se abocó conmigo no habló, por cierto, de fusilarme, pero evocó amenazadoramente sombrías conjuras antiespañolas y me aconsejó que anduviera en lo futuro con «muchísimo ojo». Como he referido el incidente en otro lugar, no lo repetiré aquí.)

Otra característica muy española que retiene la siempre alerta atención de Borrow es ese espíritu de campanario que suscita universal desconfianza y recelo hacia cuanto no sea o proceda de la patria chica, ya se trate de personas, ya de cosas, de otros lugares de la Península e incluso de la misma región. Así, la dama de Toro que aplasta con su desprecio a Valladolid o el divertidísimo notario pontevedrés cuyo ardiente patriotismo se detiene en los límites de la ciudad natal y a quien nada le importa en absoluto fuera de Pontevedra:

«—Los de Vigo pretenden que su ciudad es mejor que la nuestra, y que tiene más títulos para ser la capital de esta parte de Galicia... ¿Ha oído usted jamás un desatino semejante? Le digo a usted, amigo, que me importaría muy poco que ardiese Vigo con cuantos mentecatos y bribones

encierra. ¿Se le ocurriría a usted jamás comparar Vigo con
Pontevedra?

»—No lo sé; nunca he estado en Vigo; pero he oído decir
que su bahía es la mejor del mundo.

»—¿La bahía, buen señor? ¡La bahía! Sí; esos bribones
tienen una bahía, y la bahía es la que nos ha robado todo
nuestro comercio. Pero, ¿qué necesidad tiene de una bahía
la capital de una provincia? Lo que necesita son edificios
públicos donde puedan reunirse los diputados provincia-
les a tratar de sus asuntos; pues bien: lejos de tener Vigo
un edificio público bueno, no hay una casa decente en
todo el pueblo. ¡La bahía! Sí, tienen una bahía, ¿pero tienen agua para beber? ¿Tienen fuentes? Sí, las tienen; pero
el agua es tan salobre que haría reventar a un caballo.
Espero, querido amigo, que no habrá hecho usted un viaje
tan largo para ponerse de parte de una gavilla de piratas
como los de Vigo».

Las penetrantes dotes de observación de Borrow le permiten trazar un retrato de las diferentes clases sociales
españolas que, hasta fecha muy reciente, conservaba,
todavía, plena vigencia: «Un español de la clase baja me
parece mucho más interesante que un aristócrata... Es
ignorante, por supuesto; pero, cosa singular, invariablemente he encontrado en las clases más bajas y peor edu-
cadas mayor generosidad de sentimientos que en las
altas... Los andaluces de clase alta son probablemente, en
términos generales, los seres más necios y vanos de la
especie humana». Castilla le parece, por lo común, «parda,
árida y triste», y, a diferencia de Unamuno y los escritores
del 98, admite que le sería difícil encontrar bello «aquel
paisaje de absoluta desnudez, sin árboles ni verdor».
Durante sus viajes advierte, justamente, que España es
uno de los pocos países de Europa donde no se mira
—ahora sería mejor decir: no se miraba— la pobreza con
desprecio, y, abundando en la opinión de los «ilustrados»,
reconoce que «la gran masa de la nación española habla,

piensa y vive exactamente como sus antepasados hace seis siglos».

Testigo del país soñoliento en el que «escribir es llorar», su pintura sobresale por su modernidad entre las adocenadas descripciones y cuadros costumbristas de los escritores de su tiempo (Estébanez Calderón, Mesonero Romanos). De un extremo a otro del libro, Borrow no se desdice nunca de su cordial simpatía hacia los españoles, a quienes amó, sin duda, a su manera un tanto personal y estrambótica, independientemente de sus deseos y afanes de proselitismo. Como dice Manuel Azaña, «pugnaba por un mínimo de hospitalidad y de libertad, sin las que los hombres en sociedad son como fieras; y eso está siempre bien, hágase como se haga. El libro de Borrow es un precioso documento para la historia de la tolerancia, no en las leyes, sino en el espíritu de los españoles».

Comienzos de la industrialización

En su breve pero sustanciosa *Historia de España*, Pierre Vilar ha calificado el siglo XIX como «un encadenamiento de intrigas, comedias y dramas». Gobiernos liberales y gabinetes conservadores alternan con pronunciamientos militares y camarillas palaciegas. Los caprichos de alcoba de Isabel II son la comidilla de todas las reuniones e inspirarán más tarde a Valle-Inclán su famoso esperpento *Farsa y licencia de la reina castiza*.

Las leyes de desamortización de 1836 y 1854 han dado, por fin, el golpe de gracia al «hidalguismo» y desocupación de la nobleza menor y obligan a integrarse a las clases ociosas en la naciente actividad económica del país. Desde 1840 se advierten ya los efectos de una fuerte expansión industrial en Cataluña, región donde, desde mediados del siglo XVIII, existía ya una burguesía y un comienzo de industrialización: esta expansión favorecerá, a partir de 1860, la creación de una red nacional de ferrocarriles y la inversión masiva de capitales extranjeros que, en un breve espacio de tiempo, se adueñarán de la casi totalidad de la riqueza minera peninsular. Pero, al mismo tiempo, la desamortización no ha beneficiado directamente sino a unos millares de especuladores: según gráfica expresión de un cronista de la época, «la propiedad ha pasado de la comunidad de los frailes a la comunidad de los capitalistas», y este hecho trae como consecuencia que la gran masa de campesinos sin tierra se separe definitivamente del progresismo liberal. «El proletariado campesino —escribe Ignacio Fernández de Castro— adopta, desde entonces, una actitud de total repulsa y de desconfianza hacia el poder central, manifestando, por primera vez, tendencias cantonalistas que pueden considerarse ya como un anarquismo espontáneo que permitirá la gran explosión anarquista de Andalucía.» Las bases sociales que motivarán más tarde la tragedia de la guerra civil de 1936-1939 existen ya: al impedir la creación de una clase media campesina estabilizadora, la incipiente burguesía de las minas, ferrocarriles y latifundios empujará en adelante al campesinado a la acción directa y a la subversión.

Pero el despertar de las regiones periféricas (Cataluña, Vascongadas, Asturias) no se exterioriza todavía en la meseta castellana. De ahí que esas ciudades galdosianas como Orbajosa y Ficóbriga sean lugares donde la vida parece haber detenido su curso, donde lo inalterable y lo inmóvil se han convertido en un ideal y donde se juzga severamente cuanto amaga destruir los usos y costumbres universalmente respetados. Con su aguda intuición, Galdós hará judío al hombre de negocios que intentará combatir la rutina y concitará contra sí el odio sombrío de los habitantes de Ficóbriga. No, España no ha cambiado aún por estas fechas. Los labradores cultivan los campos exactamente igual que sus antepasados; a los intentos de introducir técnicas nuevas, responden invariablemente: «Así lo hicieron mis padres». Como en siglos anteriores, la gran masa de españoles sigue la norma de hacer lo que ha hecho la víspera, y del mismo modo que la víspera. Al igual que los cristianos viejos del siglo XVI o los campesinos de Cazalla interrogados por Jovellanos, la reacción es siempre idéntica: «No convenía se hiciese novedad». Así, para comprender las razones del atraso económico español y la debilidad y timidez de la clase burguesa es preciso considerar la economía, con Américo Castro, como un «resultado de la postura adoptada por las personas respecto de sí mismas, del mundo en torno y de las fuerzas divinas bajo cuyo gobierno creen existir». Como dice el ilustre historiador: «La acción de la vida europea en el siglo XIX fue exterior y superficial. Por lo cual es inadecuada la idea de las *dos Españas*, una reaccionaria y otra progresiva, la última de las cuales, a la postre, es siempre aplastada. Se llama reacción al mantenimiento de los hábitos inveterados; y progreso, a ideas y formas de cultura importadas del extranjero. Cuando se tiene presente el hecho de la *importación*, la imagen de una España doble se desvanece. Porque si importar significa superponer y no fecundar (esto último ha acontecido no en España, sino en Japón, en el campo de la ciencia y de la técnica), entonces la forma, el rumbo y la actividad de un pueblo permanecen siendo como eran en lo básico y esencial».

De este modo, los sucesivos pronunciamientos e intentonas que culminan en 1868 con el destronamiento de Isabel II y conducen en 1873 a la Primera República, tras el breve intermedio de la monarquía constitucional de Amadeo de Saboya, no afectan fundamentalmente el modo de vivir de la inmensa mayoría de los españoles. En 1870, el porcentaje de analfabetos asciende, todavía, a más del 60 % de la población, y la actitud del campesinado frente a los poderes públicos —ya sean éstos conservadores, liberales o «progresistas»— se manifiesta esporádicamente en forma de quema de cosechas, ocupación de tierras, aparición de guerrillas o partidas de bandoleros que entretienen un clima de desorden, anarquía e inseguridad. Cuando la Primera República cae, sin que nadie alce la voz para defenderla, Unamuno escribirá años más tarde, con razón: «Los periódicos nada dicen de la vida silenciosa de los millones de hombres sin historia que... se levantan a una orden del sol y van a sus campos a proseguir la oscura y silenciosa labor cotidiana y eterna, esa labor que, como la de las madréporas suboceánicas, echa las bases sobre las que se alzan los islotes de la historia... No fue la restauración de 1875 lo que reanudó la historia de España; fueron los millones de hombres que siguieron haciendo lo mismo que antes, aquellos millones para los cuales fue el mismo sol después que el de antes del 29 de septiembre de 1868, las mismas sus labores, los mismos los cantares con que siguieron el surco del arado. Y no reanudaron en realidad nada, porque nada se había roto. Una ola no es otra agua que otra, es la misma ondulación que corre por el mismo mar».

Los historiadores suelen considerar el período comprendido entre 1875 y 1898 como uno de los más positivos y estables de la historia de España. Conservadores y liberales se turnan en el gobierno mediante el riguroso control de unas elecciones manejadas por medio de gobernadores, caciques y alcaldes, y la guardia civil se encarga de reprimir las agitaciones obreras y campesinas con una severidad y prontitud verdaderamente ejemplares. En apariencia, España es casi ya un país europeo como los demás, pero de nuevo nos hallamos ante un caso de «injerto» y no de «fecundación». Los hábitos mentales no han cambiado y todo o casi todo nos viene de fuera: la filosofía, la ciencia, la técnica, la política, la literatura. El caso del infeliz Sanz del Río, enviado oficialmente a Alemania a estudiar las nuevas doctrinas filosóficas y que, en lugar de dar con Hegel, tuvo la desdicha de tropezar con Krause, cuya oscura doctrina, introducida por él en la Península, reinó durante más de treinta años en la desmantelada universidad española, es algo más que un precedente aislado: refleja crudamente la situación posterior. Comentando el continuo desajuste de la cultura española respecto a la del resto de Europa occidental desde el Siglo de las Luces hasta el día de hoy, Vicente Llorens lo resume en estos términos: «Un largo y penoso esfuerzo para ponerse a tono con el espíritu del tiempo, y cuando el objetivo parecía logrado, ya el tal espíritu había tomado una nueva dirección. De ahí la confusión, el tropel innovador y el persistente anacronismo de la cultura española, que vive en los tiempos modernos no sólo en una posición de inseguridad, sino moviéndose constantemente a contratiempo». En efecto: desde la época en que Francisco Sarmiento visitara Madrid y comprobara la inexistencia de la literatura española, con excepción de Larra, la lista de valores auténticos que pudiéramos oponerle hasta que entra en liza la generación del 98 sería muy reducida: Bécquer, Galdós, Clarín... El resto es provinciano e importado. Durante la segunda mitad del siglo XIX, España no cuenta aún en el campo literario, ni artístico, ni científico. La gran masa campesina vive como en siglos pasados y, en las ciudades, los «pollos *dandys*» que nos pinta Antonio Flores difieren apenas de los antiguos «lechuguinos» o petimetres: las modas, igualmente, vienen de fuera.

No obstante, si nos situamos en la perspectiva de la futura revolución industrial, en el período 1875-1898 se operan una serie de cambios estructurales que, como indica Brenan, significan un paso hacia adelante. A continuación de Cataluña, las provincias vascongadas experimentan un acelerado desarrollo capitalista y se crea en el país la primera industria pesada. Pero el objetivo del desarrollo y de la riqueza obtenidos por la explotación intensiva de los recursos naturales y de la fuerza de trabajo de los españoles apenas se vislumbra en el horizonte: el *Homo hispanicus* vive y vivirá aún en su mayoría, durante más de medio siglo, ajeno y reacio a las motivaciones del moderno *Homo economicus*.

Unamuno y el paisaje de Castilla

Cuando se produce la pérdida de Cuba, Puerto Rico y las Filipinas, en medio de la indiferencia del país —Romanones ha descrito con brío el alegre tropel de gentes que se dirigían a la plaza de toros de Madrid el mismo domingo en que llegó la noticia del desastre naval de Cavite—, los intelectuales reaccionan con amargura y proceden a un minucioso examen de conciencia con el propósito de diagnosticar el origen y causas de la decadencia nacional. Hecho curioso: aunque la independencia de las repúblicas de Sudamérica y la consiguiente «provincialización» de España se remontan a 1825, los españoles no parecieron advertirlo hasta que la intervención de Estados Unidos liquidó en 1898 los últimos vestigios coloniales americanos y asiáticos. Despertando de un sueño secular, un grupo de escritores e intelectuales abrieron los ojos y trataron de comprender lo ocurrido. España era una sombra de sí misma y su voz parecía haber enmudecido para siempre. Urgía la empresa de devolverle la salud perdida, empezando para ello por la palabra. La decadencia que inquietara ya a Cervantes (recuérdese su verso sobre «la sola y desdichada España») y a Quevedo (véase su admirable soneto «Miré los muros de la patria mía») había llegado a un punto extremo, opresivo, angustioso. Ganivet, Unamuno, Machado, Azorín y otros acometen, cada uno a su manera, la necesaria meditación salvadora. La llamada generación del 98 se enfrenta a los mitos bajo cuyo peso

languidece y se asfixia la vida nacional y pasa cuidadosamente por la criba el arte y la literatura, la historia, el paisaje peninsulares. Pero, como vamos a ver en seguida, su
actitud crítica no se objetiviza nunca o casi nunca y aparece en muchos casos arbitraria e incluso caprichosa.

Como Quevedo, Unamuno advierte la ruina del país y,
después de señalar sus males, se aferra desesperadamente
a ellos en nombre de una españolidad metafísica, abstracta: si en su juventud habla de europeizar España, más
tarde reacciona contra estas tendencias y propone a sus
paisanos la tarea de «españolizar» Europa. Como Quevedo,
Unamuno profesa un hondo desprecio por la ciencia y la
técnica, el comercio y el lucro. En sus obras tropezamos a
menudo con apreciaciones negativas de la sociología
(«¿Hay algo más horrendo, más grotesco, más bufo que eso
que suelen llamar sociología?»), de las invenciones mecá-
nicas y de lo que él denomina «la peste de la lógica». La
historia deviene a sus ojos una agitación inútil y el progreso moderno le merece los más vivos sarcasmos: «Deja la
civilización con el ferrocarril, el teléfono, el *water-closed*, y
lleva la cultura en el alma... El desprecio a la comodidad
es aún una de las evidentes superioridades de los pueblos
de casta ibérica. En ninguna parte estalla tan a las claras
la ramplonería humana como en la mesa del comedor de
un gran hotel... El señor que no sabe viajar sin almohada y
baño es un mentecato...», etc. Haciéndose eco de las obse-
siones de la casta cristiano-vieja de Castilla, Unamuno
reprocha a los catalanes su «avaricia codiciosa» y el delei-
te carnal que «se ofrece tan pródiga y variablemente en
Barcelona» (su horror al sexo es, igualmente, muy queve-
desco).

Ya se trate de poesía o de teatro, pintura o arquitectura,
sus gustos reflejan su íntima comunión con los ideales que
impulsaron la grandeza imperial de España, y su retórica
del gesto también (ese «me duele España» que puntuaba
con el ademán grave de *El caballero de la mano en el*

pecho). Pero, para comprender justamente la «morada vital» en que se desenvuelve el pensamiento de Unamuno, nada mejor que analizar su actitud con respecto al paisaje. La estimación de éste es, entre los españoles, un hecho relativamente reciente. Durante el Siglo de Oro, pese a que el motivo del viaje en busca de un empleo sea uno de los procedimientos más usados en la novela de corte picaresco, las descripciones de lugares son más bien raras y, por lo común, sumamente convencionales. Para encontrar referencias del paisaje urbano o campestre es necesario bucear en las crónicas, relaciones y correspondencias sepultadas en bibliotecas y archivos. En el siglo XVIII, las observaciones abundan, enfocadas casi siempre desde un ángulo exclusivamente económico y social. Para Azorín, Enrique Gil Carrasco es el primer escritor español que eleva el paisaje a una categoría literaria: *El señor de Bembibre* es, en cierto modo, una simple colección de paisajes de la bellísima tierra del Bierzo. En Galdós encontramos, asimismo, excelentes retratos de los pueblos soñolientos e inmóviles de Castilla, pero hay que esperar a la generación del 98 para que el paisaje español abandone definitivamente su papel subordinado y funcional dentro de la prosa y aun de la poesía y pase a ocupar una posición de primer plano mediante una especie de promoción estética.

Una primera observación: la gran variedad y riqueza de paisajes de la Península se refleja escasamente en la obra colectiva del 98. Si los montes y rías de Galicia son poéticamente vividos por Valle-Inclán y el luminoso paisaje alicantino —olivares y almendros escalonados en pulcros bancales— es objeto de amorosa descripción en la prosa azoriniana, regiones y provincias enteras —entre las que figuran algunas de las más notables e impresionantes de España— no atraen la atención de nuestros escritores y permanecerán, hasta fecha reciente, literariamente vírgenes. Si Azorín, Baroja, Valle-Inclán retratan con singular encanto su patria chica, el interés colectivo del 98 se centra, por lo general, en una sola área geográfica (el centro de la Península) y en una única categoría de paisaje (la meseta castellana). Las descripciones de ciudades y aldeas, páramos y sierras, planicies y campos nos valen pasajes y aun libros enteros escritos en una prosa limpia y bruñida, trabajada con esmero de orfebre. En ellos, como vamos a ver, el hombre forma parte integrante del paisaje y ocupa un lugar secundario. Los escritores del 98 lo sitúan en un decorado rústico o urbano, como un elemento más —igual que un árbol, una roca o el cauce seco de un río—. Para Unamuno, la existencia objetiva del campesino castellano no cuenta, o cuenta apenas: el paisaje es, ante todo, un espejo o, si se quiere, la emanación de su propia espiritualidad.

Recientemente, el joven ensayista Juan Carlos Curutchet resumía así la posición del 98: «La moderna geografía ha sido definida como la ciencia de los paisajes. El paisaje geográfico en sí es esencialmente concreto; es accesible a los sentidos (o a las prolongaciones técnicas de los sentidos), es tridimensional y consta básicamente de dos elementos: el natural y el humano. Ambos aspectos aparecen vinculados entre sí en lo que el geógrafo alemán Ratzel llamó, hace ya varias décadas, *ecúmene*, entendiendo por ésta el *área habitada, trabajada y transitada por el hombre*. Allí donde las sociedades humanas han convertido el paisaje natural en su morada, la formación primitiva ha cambiado e incluso desaparece por obra de la actividad adaptadora y transformadora de la cultura. El paisaje natural es extensión, se desenvuelve en el espacio; el paisaje cultural es actividad, se desarrolla en el tiempo. Curiosamente, los escritores españoles (y no sólo ellos: también los historiadores, etc.) han intentado hacer del paisaje de Castilla (tal en el caso de Unamuno y Azorín) un paisaje natural; han creído descubrir en él ciertas esencias, ciertas cualidades de eternidad y misterio que detendrían el proceso histórico a la altura de un determinado estadio de su desarrollo».

Al enfrentarse al paisaje castellano, Unamuno lo hace desde un punto de vista estético-religioso que excluye *a priori* la dimensión humana y social del mismo. Ya se trate de Salamanca, Ávila o Palencia, del Guadarrama o de Yuste, su actitud es siempre egocéntrica y subjetiva. El conflicto entre moral y estética, acción y contemplación no existe: su apreciación no es conflictiva, carece de dinamismo interno. Por otra parte, su visión está embebida de motivos y temas, añoranzas y recuerdos del arte y la literatura castellanos del Siglo de Oro (santa Teresa, don Quijote, El Greco, etc.): así, el paisaje que contempla lleva adherida una serie de valores culturales estáticos y es, en cierto modo, un paisaje neutralizado por la tradición. El glorioso pasado español aureola las iglesias, castillos y aldeas habitados por los fantasmas de Isabel la Católica o don Álvaro de Luna. Únicamente cuando visita Las Hurdes —el misérrimo valle inmortalizado en la película de Buñuel— parece humanizarse un poco y contemplar realmente a los indígenas, en lugar de mirarlos sin ver, como si fueran transparentes. Su postura se sitúa, por tanto, en las antípodas de un Jovellanos. Unamuno tiene probablemente razón, si se «habla del campo de Castilla, de los solemnes páramos de La Mancha y se dice que son áridos y tristes, queriendo decir con eso que son feos», en proclamar que le produce «una más honda y más fuerte impresión estética la contemplación del páramo... que uno de esos vallecitos verdes que parecen de Nacimiento de cartón... En el paisaje ocurre lo que en la arquitectura: el desnudo es lo último que se llega a gozar. Hay quien prefiere una colinita verde, llena de arbolitos de jardín, a la imponente masa de los grandes gigantes rocosos de la tierra». Pero, al admirar esos parajes adustos y graves, Unamuno no se preocupa nunca de la existencia material de sus habitantes. La desnudez «ascética» del campo castellano le exalta: continuamente nos dice que «oscuros pensamientos de eternidad parecen brotar de la tierra» y habla de misteriosos «efluvios éticos»; refiriéndose al páramo de Palencia, dirá que de aquel terrible desierto de piedra brotan «los más jugosos, los más fuertes cantos de la eternidad del alma».

En realidad, el amor de Unamuno por las planicies desnudas de Castilla responde a una vieja tradición peninsular. Los ilustrados habían advertido ya la hostilidad hereditaria de los campesinos españoles hacia el árbol. En su *Viaje* por la Península, publicado en 1787, Antonio Ponz escribe: «Es increíble la aversión que hay en las más partes de España al cultivo de los árboles». Desdevises du Dézert refiere el caso del corregidor de un pueblo que, deseando plantar arboledas, tropezó con la tenaz oposición de sus paisanos, quienes argüían que «los árboles atraen la humedad y empañan la pureza del aire». Sarrailh recuerda, asimismo, la indignación de Nicolás de Azara ante la barbarie y rústica obstinación de los antiarbolistas. De este modo se comprende que los inmensos bosques a que hacen referencia los historiadores antiguos fueran talados unos tras otros, sin que nadie elevara la voz para protestar. Jovellanos, como siempre, se había esforzado en combatir la ignorancia de sus compatriotas, y en sus *Diarios* se lamentaba a cada paso de la falta de arbolado y describía minuciosamente el aún existente en las comarcas más ricas para subrayar su decisiva influencia en la pobreza o prosperidad de un país. Pero el resultado, según confesión propia, era negativo: «Años ha que está ofrecido medio real por cada árbol plantado, y años que no parece un alma a cobrar un real». Los hermosos pinsapos de la sierra de Ronda o los densos pinares de los montes de Alcaraz pueden darnos una idea aproximada del primitivo paisaje de la Península antes de la funesta tala de bosques. En *Las guerras civiles de Granada*, consagrada a la lucha entre españoles cristianos y moriscos, Ginés Pérez de Hita menciona los magníficos robles que sombrean la sierra de los Filabres: cuando yo la visité, hace unos años, el paisaje era desnudo, casi lunar; apenas algún ejemplar atormentado y raquítico evocaba la antigua riqueza forestal de la región. Cuando Joaquín Costa reacciona y organiza la campaña nacional que culminará en la creación de la Fiesta del Árbol, la mayor parte del centro de la Península es ya un terrible y fascinador desierto: habrá que esperar a la época contemporánea para que el hombre empiece a reconstruir lentamente lo que, con tenacidad digna de mejor causa, ha destruido siglo tras siglo. En la España árida del centro y sudeste no llueve porque no hay árboles y no hay árboles porque no llueve. Para salir del círculo vicioso era preciso emprender una repoblación forestal intensiva y multiplicar los medios de riego mediante la construcción de acequias y embalses. Los españoles del siglo XX parecen haberlo entendido al fin y, afortunadamente, el paisaje peninsular empieza a transformarse: la España seca y baldía reduce paulatinamente sus límites y, hoy, Unamuno no se podría extasiar ya ante algunos de sus paisajes. A la larga, cabe esperar que la concepción crítica y moral de Jovellanos y Costa se imponga de modo definitivo sobre la contemplación estético-religiosa de Unamuno y el 98.

Personalmente, como ya he indicado en otras ocasiones, mi actitud es más ambigua. Al encararme al paisaje español lo hago con el conflicto y desgarro interiores de Brenan: desde un punto de vista a la vez estético y crítico, como sujeto activo y como contemplador. Mi prolongada estancia en los países de sociedad industrial me ha sensibilizado al encanto un tanto salvaje y áspero del paisaje preindustrial: así, precediendo al actual *boom* turístico de Almería, creo haber sido uno de los primeros españoles que ha captado la belleza sombría de su suelo; mi mirada, al llegar a él, era ya la de un individuo más o menos integrado en la moderna sociedad de consumo. El grandioso y

alucinante desierto rocoso de Tabernas —tan explotado
hoy por la industria cinematográfica del *western*—, la
agreste y bellísima costa que se extiende de Cartagena al
cabo de Gata, no podían interesar, con su africanismo, a
unos españoles que, razonablemente, se esforzaban en
escapar de él y cuyas aspiraciones convergían hacia un
paisaje elaborado y modelado por la actividad creadora
del hombre. Unamuno y, en menor grado, Azorín valora-
ban el paisaje en función de los ideales estético-religiosos
de la vieja casta militar de Castilla. Pero el paisaje español
sólo podía ser visto —bien o mal, pero con una sensibilidad moderna— por europeos o españoles europeizados.
Hoy, cuando las manifestaciones más visibles y agresivas
de la actual sociedad de consumo (estaciones de gasolina,
snacks, moteles, anuncios) interfieren con un telón de
alienadoras tentaciones el hasta hace poco natural paisaje de la Península, los españoles comienzan a mirar su
propio país con distintos ojos y corren detrás de un primitivismo que progresivamente desaparece: el encanto de
éste aumenta, en efecto, en la misma proporción en que
deviene exótico y raro. La adopción razonada y consciente
de los criterios «económicos» de la sociedad industrial
moderna conduce, paradójicamente, a la exaltación sen-
timental de los valores primitivos y ancestrales. Los ingleses lo sabían muy bien, y en el pasado siglo recorrían
ya y se refugiaban en los paisajes de Grecia, Sicilia y
Andalucía; y los franceses, suizos, belgas o alemanes que,
agotado el primitivismo del sur de Italia y en vías de extinguirse el de España, buscan hoy un reposo psicosomático
en las sociedades dormidas del Islam e incluso en la India.
El atraso vivido por un pueblo se presta a la contemplación estética de otro. Al marroquí que, huyendo de la
miseria, «sube» hasta Suecia en busca de trabajo, corresponde el sueco que, escapando a la creciente enajenación
de la sociedad de consumo en que vive, va a darse un baño de humanidad en el desierto de Marruecos. La contra-

dicción es insoluble y, oscuramente, los españoles de hoy lo presienten: el burgués europeizado de la Península comienza a gustar del sabor de los lugares no estropeados aún por el turismo europeo y añora la antigua imagen de España en la medida en que ésta se aparta y distancia de él, facilitándole, al fin, una contemplación objetiva. Hoy por hoy, la situación en que vivimos pudiera resumirse en estos términos: España no es todavía Europa, pero, para bien y para mal, ha dejado de ser España.

Mr. Hemingway va a ver
corridas de toros

A lo largo del siglo XIX, pese a la diferencia abismal que aún separa España de los países industriales europeos, un vasto sector de la periferia española se dinamiza y asistimos a la lenta agonía de una clase parasitaria —con sus tabúes y prejuicios respecto al deshonor inherente al comercio y a los oficios técnicos y manuales— que, aunque suplantada por la nueva clase burguesa, se sobrevive a sí misma incrustándose en aquélla y contaminándola poco a poco con su incorregible inmovilismo. En la época de la restauración borbónica, el proceso de industrialización se acelera y el pueblo se «urbaniza», deviene proletario: la población de Bilbao aumenta un 300 %; Madrid y Barcelona, un 200 %. Cuando, a raíz de la guerra con los Estados Unidos, las industrias de Barcelona y Bilbao pierden gran parte de sus mercados ultramarinos, la crisis económica estalla y, simultáneamente al separatismo nacionalista de la burguesía catalana (y, en menor grado, de la vasca), se produce una violenta agitación revolucionaria en el nuevo proletariado urbano. Tras la Semana Trágica, que ensangrentó en 1909 las calles de Barcelona, la burguesía empieza a desconfiar de unos partidos políticos que se muestran incapaces de asegurar eficazmente su defensa, y cifra cada vez más sus esperanzas en una enérgica intervención del ejército. En 1917, éste aplasta el movimiento revolucionario inspirado en el ejemplo de los sóviets y, en 1923 —tras un período muy tenso de

terrorismo y contraterrorismo—, el general Primo de
Rivera suspende la Constitución e instaura un gobierno
de semidictadura con el apoyo del rey, de la burguesía
industrial y de los grupos políticos de derecha. De 1923 a
1930, España conocerá, en apariencia, una fase de relati-
va paz y sosiego que un ensayista contemporáneo describe en estos términos: «La coyuntura económica mundial,
extraordinariamente propicia, de los años veinte favorece
en España la continuación del largo período de prosperidad, y el avance económico es considerable en todos
los dominios. Los índices de producción del año 1929
no serán superados, en conjunto, hasta muy avanzados
los años cincuenta. Aunque con retraso, España sigue a
Europa en su desarrollo económico. Poco a poco, va constituyéndose una infraestructura que impide considerarla
como país subdesarrollado y que le ofrecerá una base
razonable para su despegue económico futuro. En 1930
encontramos ya la España económica, con sus zonas industriales bien delimitadas en el norte y nordeste del país, con
sus contrastes regionales acusados, con su estructura
agraria inmovilizada y su red de transportes y de distribución comercial deficientes, pero reales».

En la década de los *happy twenties*, España recibe la
visita de un forastero cuyo nombre, desconocido por aquellas fechas, no tardará en alcanzar celebridad mundial en
el campo de la literatura: me refiero a Ernest Hemingway.
Cediendo, como en otros muchos puntos, a la contagiosa
influencia de Gertrude Stein (quien, con su inseparable
Alice Toklas, seguía por las distintas arenas de la Península las proezas de El Gallo y de Joselito), el novelista
entonces en ciernes decide ir al único lugar en el que se
podía observar a voluntad el juego de la vida y la muerte,
en un momento en que, sobre casi toda la extensión del
globo, habían cesado las guerras (era la época de los iluso-
rios acuerdos de Locarno, y sólo André Malraux presintió
la aventura de la futura revolución china). George Borrow

había ido a España con el propósito de difundir en ella la luz de las Escrituras; Hemingway irá a presenciar corridas de toros. En el primer capítulo de su obra *Muerte en la tarde*, el escritor norteamericano ha expuesto, en forma bastante convincente, las razones de su afición, afición tenida por bárbara en los países anglosajones, cuna, como es sabido, de la todopoderosa Sociedad Protectora de Animales: «Por observación, podría decir que las personas se dividen en dos grandes grupos: aquellas que, para emplear una terminología fisiológica, se identifican con los animales, esto es, se ponen en su lugar; y aquellas que se identifican con los seres humanos. Yo creo que quienes se identifican con las bestias, es decir, los amigos profesionales de los perros y otros animales, son capaces de mayor crueldad hacia los seres humanos que los que no se identifican fácilmente con los animales». Y, anticipándose a las objeciones moralizantes de sus compatriotas, Hemingway aclara todavía: «En lo que a mí concierne, en cuestiones de moral, no sé más que una cosa: es moral lo que hace que uno se sienta bien, es inmoral lo que hace que uno se sienta mal. Juzgadas con estos criterios morales, las corridas de toros son muy morales para mí; en efecto, durante estas corridas me siento bien, tengo el sentimiento de la vida y la muerte, de lo mortal y lo inmortal, y, terminado el espectáculo, me siento muy triste, pero a maravilla».

El criterio es indiscutiblemente válido y, de acuerdo con él, las corridas de toros son a fin de cuentas, para mí, medianamente inmorales (luego aclararé mis razones). Viniendo de otro país y de otro tipo de sociedad, Hemingway examina la corrida desde un punto de vista puramente estético, con el despego y objetividad de un contemplador. La «sociología» de la corrida no le interesa o muy secundariamente. El espectáculo de un pueblo que libera en ella sus seculares inhibiciones y se inmoviliza en su ceremonial hierático con el narcisismo de quien contempla su propio ombligo le afecta, lógicamente, menos que a

un español dotado de criterio moral y de reflexión (que
también los hay, aunque muchos extranjeros piensen lo
contrario). Para él, se trata, ante todo, de analizar la estética de la corrida independientemente de los demás factores (sociales, económicos, etc.), un poco a la manera de
Thomas de Quincey cuando se entrega a su reflexión del
asesinato «considerado como una de las bellas artes». Con
ello no pretendemos sostener, ni mucho menos, que
Hemingway profese el amoralismo irónico y agresivo del
autor de *Las confesiones de un comedor de opio*. A pesar de
su pregonado hedonismo, Hemingway no se aleja nunca
demasiado de la moral judeocristiana y, en resumidas
cuentas, su interpretación de la corrida es, fundamentalmente, de orden religioso —no al modo folclórico e inge-
nuo de Montherlant, sino con una reflexión que trasluce
un conocimiento intuitivo de la espiritualidad española del
Siglo de Oro. Cuando un hombre se rebela contra la muerte, dice en síntesis, asume con gusto el atributo divino de
dispensarla: el orgullo propio de esta asunción —que hace
del torero un émulo de Dios— constituye el fundamento
de la corrida y es la virtud primordial de todo gran matador. Mientras los ingleses y franceses se preocupan tan
sólo por la vida, los españoles —dice Hemingway— saben
que la vida es lo que existe antes de la muerte; y tras establecer una distinción entre el carácter de gallegos y catalanes, de un lado, y el de los castellanos, de otro, escribe
de estos últimos: «Piensan mucho en la muerte y, cuando
tienen una religión, es una religión que cree que la vida es
mucho más corta que la muerte. Con este sentimiento,
ponen en la muerte un interés inteligente, y cuando pueden verla dar, evitar, rehusar y aceptar una tarde por un
precio de entrada determinado, pagan con su dinero y van
a la plaza».

Al mismo tiempo que reivindica el orgullo un tanto
metafísico del matador de toros, Hemingway estima que la
belleza del espectáculo depende enteramente del honor

del torero y analiza el pundonor español conforme a una óptica vecina a la de la casta cristiano-vieja de Castilla: «*pundonor* significa honor, probidad, respeto de sí mismo, valor y orgullo, en una sola palabra». Pero, curiosamente, al elaborar su interpretación personal de la corrida, Hemingway elude casi siempre su fundamento sexual. El aspecto sangriento y cruel de la fiesta de los toros —esa especie de animación interna, secreta, de frenesí esencial que acompaña siempre, de modo más o menos consciente, el espectáculo de la destrucción de la vida— había fascinado, en cambio, a Bataille y el episodio de la muerte de Granero —corneado en un ojo el 7 de mayo de 1922— le inspiró uno de los capítulos más fulgurantes de la bellísima *Histoire de l'oeil*, cuando sir Edmond, Simone y el narrador buscan y encuentran, al fin, un placer a la medida de sus deseos bajo el ardiente sol de las arenas españolas.

A mi entender, los esfuerzos de Hemingway en crear una estética de la corrida tropiezan con un obstáculo insalvable: la corrida no es, ni ha sido, ni será nunca, un arte por la sencilla razón de que no actúa, ni puede actuar, de modo dinámico, revelador, perdurable sobre la conciencia del hombre. Cuando el lector menor de cincuenta años recorre, pues, sus descripciones (a menudo magníficas) de Joselito, El Gallo, Belmonte o Marcial Lalanda, no busca en ellos una fidelidad al modelo original (que no ha conocido y que desapareció sin dejar huellas), sino las manifestaciones de la personalidad o el talento o el arte del propio Hemingway. Lagartijo, Frascuelo y Guerrita son, hoy, tan insignificantes como un viejo automóvil fuera de uso: lo único que cuenta de ellos es la emoción que suscitaron en las crónicas de sus contemporáneos. Hemingway lo comprende así y escribe: «Supongamos que las telas de un pintor desaparezcan con él, y que los libros de un escritor sean automáticamente destruidos a su muerte, y no existan más que en la memoria de quienes los han

leído. Es lo que ocurre con la corrida». Pero añade a continuación: «El arte, el método, las mejoras, los descubri-
mientos permanecen». Como los cantaores de flamenco y
los bailaores, los toreros tienden a considerar su profesión
como un «arte». En boca de Hemingway, la afirmación sor-
prende. Si nuestras palabras han de tener algún sentido, si
nuestros juicios han de tener alguna solidez, no podemos
otorgar el calificativo de «arte» a una actividad de un
orden inconmensurablemente inferior.

En los últimos quince años he visto bastantes corridas
de toros y he conocido incluso algunos toreros (en el vera-
no de 1959 acompañé a Hemingway de Málaga a Nimes,
en la época en que él preparaba su *Dangerous Summer*)
y, si mi experiencia vale algo, puedo afirmar que los matadores con quienes he tratado (excepto Dominguín) no
escogieron el oficio más que para escapar a su primitiva
miseria, y la presunta metafísica de la corrida les tenía
perfectamente sin cuidado: su inteligencia, sus inquietu-
des, sus gustos, sus caprichos no diferían en absoluto de
los cantores *yeyés*. Gracias a algunos de ellos pude ver al
desnudo la personalidad del *self made man* español: su
avidez sin límites y su desprecio, igualmente sin límites,
por la masa de los que no han sabido triunfar. Hemingway
fue sensible, sin duda, al ambiente corruptor del mundo
taurino (versión hispánica de lo que denunciara Bogart en
su famosa película sobre el boxeo), y en una de sus imagi-
narias conversaciones con la Anciana Señora, escribe: «De
todos los asuntos de dinero que conozco, no he visto jamás
otros más sucios que los de las corridas de toros. El valor
de un hombre depende de la cantidad que recibe para
lidiar. Pero, en España, un hombre tiene el sentimiento de
que, cuanto menos paga a sus subordinados, más hombre
es; y, por lo mismo, cuanto más reduzca a sus subordinados a una situación próxima a la esclavitud, más hombre
se sentirá. Esto es particularmente verdad entre los matadores surgidos de las capas más bajas de la población». Si

a este ambiente taurino (egoísta, vacío, sórdidamente interesado) añadimos la responsabilidad de las grandes ganaderías en el mantenimiento del actual sistema de latifundio (existen en Andalucía, Extremadura y Salamanca dehesas inmensas que pudieran dar trabajo a millares de campesinos sin tierras y se destinan, contra toda noción crematística, a la cría de toros bravos), será fácil comprender por qué, en la balanza de pros y contras, de contemplación y de acción, de estética y de moral, los factores enumerados en segundo lugar pesan mucho más que los primeros y que, contrariamente a Hemingway, la corrida resulte, para mí, bastante inmoral.

Entre las masas de aficionados que llenan hoy las plazas de toros, el número de quienes pagan el precio de la entrada para vivir el sentimiento de la vida y la muerte, de lo mortal e inmortal, es apenas más elevado que el de los fieles que concurren a misa los domingos para meditar sobre el misterio de la Transustanciación; la inmensa mayoría va a plaza por curiosidad, para ver o ser vistos, atraídos por el ambiente y colorido del espectáculo y acaso —y de forma un tanto oscura— por las mismas razones que los protagonistas de Bataille: para dar rienda suelta a impulsos habitualmente reprimidos y por el placer inconfesado de ver correr sangre. Este aspecto de la corrida aparece hoy camuflado en los grandes cosos taurinos a fin de no chocar a un público compuesto, en gran parte, de curiosos, novatos y turistas. La fiesta nacional se comercializa de día en día y, conforme aumenta la frecuentación de extranjeros, el antiguo ritual se «civiliza» y se adultera. Pero Valerito, empitonado por el toro, no se equivocaba cuando, mirando al público que le había silbado momentos antes porque no se arrimaba suficientemente al bicho, repetía, antes de morir: «Bien, ya lo habéis logrado. Ya me ha cogido. Ya lo habéis logrado. Ya tenéis lo que queríais. Ya lo habéis logrado. Ya me ha cogido. Ya me ha cogido». Cuando Hemingway escribe: «En la corrida, ninguna maniobra tiene por objeto infligir un dolor al toro. El dolor es un incidente, no un fin», sus palabras pueden aplicarse hasta cierto punto a las corridas europeizadas y compuestas de las grandes ciudades que atraen hoy a centenares de miles de turistas; pero no se ajustan ni poco ni mucho a la verdad, si las aplicamos a las ferias pueblerinas y encierros —no a los encierros turísticos de San Fermín, sino a los que sin propaganda ni bombo de ninguna clase se celebran, cada año, en diversas comarcas y zonas rurales de la Península (especialmente en Castilla, Valencia y Murcia).

Al forastero que busque emociones fuertes y quiera comprender algunas de las coordenadas secretas de la corrida (la relación existente entre sacrificio y libido, impulso sexual y derramamiento de sangre) le aconsejo los encierros que durante los meses de agosto y septiembre se suceden, casi sin interrupción, en una serie de pueblos de la provincia de Albacete (Elche de la Sierra, Yeste, Paterna, Socovos). Allí, después de correr los toros por las calles, como en Pamplona, la muerte del bicho se oficia en un improvisado palenque de trancas y en ella participa el pueblo entero: mientras los torerillos aprendices ensayan sus inútiles pases de salón, los espectadores acometen al animal con gran variedad de armas y proyectiles: palos, estacas, piedras, botellas. Durante una hora y aún más, el toro tiene que soportar toda clase de ultrajes, agresiones y atropellos: un aficionado intenta vaciarle un ojo con una vara; otro le corta el rabo de un tajo con una cuchilla de carnicero; un tercero le asesta un golpe en el lomo con un enorme adoquín. Ocultas tras las talanqueras, las mujeres chillan de gozo y azuzan a los hombres con sus gritos. Cuando el animal se derrumba al fin y el matarife lo descabella, los mozos se precipitan a patear el cadáver, se revuelcan sobre él y embeben sus pañuelos en su sangre. La carne del toro se vende la misma noche en las carnicerías y recuerdo que, en una ocasión, a fin de no acumular un stock invendible, las autoridades del lugar aplazaron a última hora la muerte de uno de los bichos y ordenaron llevarlo al toril —ensangrentado, cojo, medio ciego— para torearle aún el día siguiente y asegurar el consumo normal de la población durante las fiestas. Como yo me inquietara un poco por el animal, prolongado así en vida por espacio de veinticuatro horas, me oí responder:

—No se preocupe usted, hombre. El toril es muy cómodo, y el alcalde tiene dicho que le den pasto del bueno para que se regale. ¡El tío las va a pasar en grande!

Entre sus explicaciones un tanto monótonas de los diferentes lances taurinos y sus vivísimos retratos de los matadores, Hemingway intercala, con prodigioso poder de síntesis, algunas descripciones de lugares que deberían figurar, sin ningún género de dudas, entre los mejores trozos de antología del paisaje español. Así, del verde oasis de Aranjuez, con sus «avenidas de árboles, como en lo lejos de las telas de Velázquez», y su plaza de toros, rodeada de mendigos y tullidos, en el terrible descampado abrasado por el sol: «La ciudad es Velázquez hasta el fin de los árboles, y Goya, de súbito, hasta la arena». O de ese impresionante aforismo de líneas que es Ronda, el lugar ideal en España, dice Hemingway, «para una luna de miel o una fuga. La ciudad entera, por más lejos que alcancéis con la vista en todas direcciones, no es más que un telón romántico... Si vuestra luna de miel o vuestra escapada no cuaja en Ronda, haríais mejor yéndoos... y comenzando uno y otro a buscar amistades, cada cual por su lado».

Al mismo tiempo que la corrida y el paisaje español, Hemingway descubre los vinos de la Península. Su autoridad en la materia es indiscutible y poco hay que añadir a sus enjundiosas observaciones, compendiadas en el glosario que figura al final de *Muerte en la tarde*. No obstante, habiendo residido habitualmente en Francia durante los últimos años, en ella he formado mis gustos en materia de vinos y quisiera adoptar aquí, en la estimación de los caldos españoles, un punto de vista marginal y, si se quiere, afrancesado. Los vinos de la Rioja, por ejemplo, son tenidos, con razón, en la Península por unos de los mejores y más delicados del país; pero al catador francés le recuerdan en exceso su pertenencia a la familia de los Burdeos y preferirá, probablemente, otros caldos, menos refinados quizá, pero más originales. En España, el vino blanco más satisfactorio desde este punto de vista se encuentra en La Mancha (Valdepeñas) y Galicia (Fefiñanes); los rosados catalanes suelen ser discretos, pero no resisten la comparación con los franceses, marroquíes y argelinos (los de Cacabelos, en León, y Ceniceros, en Navarra, tal vez sean los mejores); el clarete es excelente y personalísimo en Valdepeñas, Albuñol, Quintanar de la Orden y algunas comarcas de Castilla; entre los tintos, mis preferencias van al Castell del Remei (Cataluña) y Benisalem (Mallorca). Los caldos de Jumilla (Murcia) y Cariñena (Aragón) son sabrosos, pero su excesiva graduación (de 13 a 18 grados) los descalifica para escoltar las comidas; servidos, en cambio, bien fríos, constituyen uno de los mejores aperitivos que conozco.

Pero dejemos a Hemingway, el vino y los toros y volvamos la vista a España en el momento de la gran crisis económica mundial provocada por el derrumbe de Wall Street, y en vísperas ya de vivir la tragedia más honda y dolorosa de toda su historia.

Caín y Abel en 1936-1939

En enero de 1930, el general Primo de Rivera tiene que abandonar la escena política y, quince meses después, unas elecciones municipales, en apariencia de escasa importancia, dan una inopinada mayoría republicana en las principales ciudades del país. El 14 de abril de 1931, Barcelona y San Sebastián proclaman la República. En Madrid, el general Sanjurjo, jefe de la Guardia Civil, retira su sostén al régimen y el monárquico Romanones parlamenta con los líderes de los partidos republicanos. Horas después, el rey se ve obligado a retirarse y la Segunda República nace sin que se haya vertido una sola gota de sangre.

Entre los numerosos y difíciles problemas que se plantean a los nuevos gobernantes (reforma agraria, agitación obrera, hostilidad del Ejército, etc.), el más complejo es, sin duda, el auge creciente de los movimientos nacionalistas en el País Vasco y, sobre todo, en Cataluña. Este sentimiento nacional, adormecido por espacio de siglos, había despertado paulatinamente a lo largo de la segunda mitad del siglo XIX, en razón de la creciente disimilitud que existe entre la estructura social de la región catalana y la de la mayoría del resto de la Península. Como dice autorizadamente Pierre Vilar: «En Cataluña hay una burguesía activa y toda suerte de capas medias acomodadas que cultivan el trabajo, el ahorro y el esfuerzo individuales, interesadas por el proteccionismo, la libertad política y la extensión

del poder de compra. En el resto de España dominan los
viejos modos de vida: el campesino cultiva para vivir y no
para vender; el propietario no busca acumular ni inver-
tir; el hidalgo, para no desmerecer, busca refugio en el
Ejército o en la Iglesia, y el burgués madrileño, en la política o en la administración... En las regiones no industriales asistimos a un ataque general contra el viajante catalán *explotador, organizador de la vida cara*, con todos los
sarcasmos que la psicología precapitalista sabe reservar al
hombre de dinero. Así se forman dos imágenes: el castellano sólo ve en el catalán adustez, sed de ganancias y falta
de grandeza; el catalán sólo ve en el castellano pereza y
orgullo. Un doble complejo de inferioridad —política en el
catalán, económica en el castellano— llega a producir des-
confianzas invencibles, para las que la lengua es un signo
y el pasado, un arsenal de argumentos».

Durante la Segunda República, en efecto, la cuestión
catalana devendrá el elemento aglutinador de las diferentes oposiciones al nuevo régimen (monárquicos, Ejército,
Iglesia, burocracia y pequeña burguesía de las zonas no
industriales) que, desde 1932 (golpe militar frustrado de
Sanjurjo), conspiran ya abiertamente contra él. El lenguaje de la recién creada Falange y el de los nuevos grupos
fascistas beben en las fuentes del apolillado ideal del
imperio de la casta militar de Castilla: el de caballero cristiano, místico y guerrero, cuidadoso de su modo de ser y
estilo de vida, que exalta la «obediencia al jefe», el «impe-
rativo poético» y la «disposición combativa». Para José
Antonio Primo de Rivera, el español es un ser dotado de
«esencias perennes» y, como tal, destinado a influir y
dominar sobre los demás. Consecuentemente, el progra-
ma doctrinal de estos grupos será ferozmente anticatala-
nista y antisemita: cuatro siglos después de su expulsión,
los judíos siguen siendo «los enemigos irreconciliables de
España». El lenguaje y estilo de la Falange son totalmente
anacrónicos, pero su demagogia social halla un terreno

abonado en los sectores rurales y urbanos de una gran parte de la Península, tradicionalmente inferidos por la Iglesia y de mentalidad preindustrial. Desde su creación, los nuevos grupos cuentan con la activa simpatía de numerosos jefes del Ejército y jerarquías de la Iglesia, y con el sostén material de la Italia de Mussolini. Dirigentes republicanos como Manuel Azaña intentarán sortear con habilidad los obstáculos que se interponen en el camino, pero los problemas planteados no pueden ser resueltos en el marco del sistema liberal burgués, y la convergencia de oposiciones de origen y propósitos dispares dará, finalmente, cuenta de sus esfuerzos: cuando la «república de intelectuales», patrocinada por Ortega y Gasset, Marañón y Pérez de Ayala, afronta la prueba trágica de julio de 1936, sus padrinos han desertado de ella y, rectificando sus opiniones anteriores, acabarán por transigir los tres, e incluso pactar, como Marañón, con el régimen autoritario que la liquida.

Para comprender la gravedad de los problemas que se ventilan en España es preciso tener bien presente la diversidad de su calendario. En el momento en que en Francia o Inglaterra, por ejemplo, la burguesía adquiría conciencia de sí misma y asumía sus responsabilidades, en España, por las razones que antes hemos evocado, demostró una incapacidad enfermiza en el desempeño de la función rectora que la evolución del mundo moderno le imponía. En 1931 no había sabido llevar aún a buen término la industrialización y la reforma agraria necesarias para liquidar las estructuras medievales del país. Al originarse el gran desenvolvimiento del sistema bancario y la formación de los primeros monopolios, estos fenómenos, característicos de la nueva sociedad industrial, se producen paralelamente a un conjunto de situaciones y tensiones sociales propias del siglo XIX. La interrelación de hechos económicos pertenecientes a siglos distintos explica, a la vez, nuestras contradicciones políticas y la debilidad de la clase burguesa.

Poco a poco se habían creado en España una serie de problemas de producción y conflictos sociales sin que surgiesen al mismo tiempo —como en Francia e Inglaterra— los factores susceptibles de compensarlos. Así nació un desajuste de las situaciones históricas —mal endémico de los países semidesarrollados— que impidió la estabilidad del sistema de democracia parlamentaria y pluralidad de partidos.

La burguesía española no osó enfrentarse sino en fecha muy reciente a las supervivencias feudales del latifundio (cotos de caza, tierras incultas, cría de toros bravos) y no ha alcanzado todavía su desarrollo normal debido a que, cuando cobró conciencia de sí misma —con un siglo de retraso respecto de su homóloga francesa—, el proletariado había despertado también. Privada así del sostén popular, que permitió las grandes realizaciones de la burguesía europea, prefirió pactar con las estructuras feudales que se oponían a estas realizaciones. De tal modo se condenaba a no cumplir su misión histórica más que a medias: a ser, desde su propio punto de vista, una mala burguesía. La historia española de los últimos cien años es un perpetuo regateo entre los intereses encontrados de la clase latifundista, la burocracia y la administración madrileñas, y las burguesías «avanzadas» de Cataluña y el País Vasco. Originariamente adversas al anacrónico sistema centralista y feudal, estas últimas acabaron por entenderse con él y elaboraron los términos de un acuerdo beneficioso para todos. Durante la Segunda República —que murió víctima de las contradicciones que señalamos—, mientras la burguesía industrial defendía un reformismo democrático en Cataluña y las provincias vascongadas, mantuvo al campesinado de las regiones subdesarrolladas bajo un régimen socialmente opresor. Partidaria de la libertad cultural de catalanes y vascos, hollaba la dignidad humana de las masas campesinas de Andalucía, Castilla y Extremadura.

En 1936, el triunfo electoral del Frente Popular y la

brusca toma de conciencia política del proletariado industrial y de los campesinos sin tierra arrojan a la burguesía —como en 1917 y 1923— en brazos del Ejército. Incluso en Cataluña y el País Vasco, los intereses de clase prevalecen sobre los sentimientos nacionalistas. El dilema que se planteaba a la burguesía industrial seguía siendo el mismo que el pensador católico Donoso Cortés había expuesto ante las Cortes republicanas en 1874: «La cuestión, como he dicho antes, no está entre la libertad y la dictadura: si estuviera entre la libertad y la dictadura, yo votaría por la libertad... Pero la cuestión es ésta: se trata de escoger entre la dictadura de la insurrección y la dictadura del gobierno: puesto en mi caso, yo escojo la dictadura del gobierno como menos pesada y afrentosa. Se trata de escoger entre la dictadura que viene de abajo y la dictadura que viene de arriba: yo escojo la que viene de arriba, porque viene de regiones más limpias y serenas. Se trata de escoger, por último, entre la dictadura del puñal y la dictadura del sable: yo escojo la dictadura del sable porque es más noble... Vosotros, señores, votaréis, como siempre, lo más popular; nosotros, como siempre, votaremos por lo más saludable». En lo que concierne a 1936, conviene precisar que la «insurrección» no vino de abajo, sino de arriba: la movilización popular del país fue, simplemente, la respuesta al golpe de estado militar contra la República.

La guerra civil española de 1936-1939 es, sin duda alguna, uno de los acontecimientos que más ha apasionado y dividido la opinión mundial en lo que va de siglo. Motivos de varia índole (religioso, político, ideológico) hacen de España, entonces, el punto de mira de toda una generación de mujeres y hombres que buscan y encuentran en ella sus razones de ser y esperar, de luchar y morir, en un momento en que la crisis económica general se agudiza y la burguesía europea se siente cogida entre dos fuegos: el comunismo y el fascismo, la consolidación indudable de la revolución soviética y la amenaza creciente del régimen hitleriano. No es de extrañar, pues, que la literatura sobre lo sucedido en el trienio sangriento sea abundantísima: ya se trate de testimonios más o menos novelados (Malraux, Hemingway, Orwell, Bernanos) o de estudios históricos (Brenan, Thomas, etc.), el lector curioso dispone hoy de copioso material para determinar, con objetividad, el reparto equitativo de responsabilidades entre sus diferentes protagonistas. Como en 1808, España se convierte, durante estos años, en el campo de batalla en el que las diferentes potencias europeas ventilan sus litigios y ensayan sus armamentos. Cuando la guerra concluye el 1 de abril de 1939, los resultados no pueden ser más desastrosos: un millón de muertos, un millón de exiliados y más de medio millón de presos; la agricultura y la industria, medio arruinadas; la renta nacional per cápita, a un nivel inferior al del año 1900.

El análisis de los diferentes aspectos políticos, sociales, militares, económicos y diplomáticos es de una enorme complejidad, y no podemos abordarlo aquí. El lector interesado puede consultar, sobre el tema, centenares, por no decir millares, de obras, entre las cuales una cincuentena o más poseen indudable valor. En los límites del presente trabajo, me contentaré con rozar ahora un aspecto específicamente español del problema: me refiero a la violencia. La larga tradición de intolerancia, sospecha y recelo, cuyos orígenes hemos analizado antes, aclara bastante la inmediata generalización de un fenómeno cuya intensidad sorprendió a todos los testigos. Como dice Pierre Vilar: «Hubo sacerdotes que bendijeron los peores fusilamientos y multitudes que persiguieron a los religiosos hasta la tumba. Es el choque de una religión y una contrarreligión que han bebido en la misma fuente sus nociones de la muerte y del sacrilegio, conservadas desde el siglo XV bajo la campana neumática de la Contrarreforma, y en lucha contra un instinto de liberación. Caprichos de Goya, agonías de Unamuno, películas de Buñuel; España libra siempre contra su pasado una batalla íntima, ansiosa, con crisis violentas».

El turista que se aventure hoy por algunas carreteras secundarias de las regiones menos transitadas de la Península tropezará todavía con numerosos monumentos funerarios con epitafios vengativos y odiosos, como aquel que me sobrecogió a mí una vez, inscrito en el zócalo tosco de una cruz de piedra plantada en medio del abrupto y asolador paisaje de la sierra de Albacete: «Aquí fueron asesinados por la canalla roja de Yeste cinco caballeros españoles. Un recuerdo y una oración por sus almas».

Imagen fantasmal de una España que angustiosamente sobrevive y se resiste a desaparecer. De esa España inútilmente conjurada en los grabados de Goya y películas de Buñuel, la misma que haría exclamar un día a Unamuno: «Una liturgia que quemó conventos contra otra que quema incienso, ya que hoy no puede quemar herejes».

Tenaz e inconmovible España, patria de Caín y de Abel.

Gerald Brenan analiza nuestra posguerra

En 1949, después de trece años de ausencia, Gerald Brenan recorre por espacio de unos meses las regiones del centro y sur de la Península y, de regreso a Inglaterra, publica un libro en el que resume las impresiones de su viaje: *La faz actual de España*. Borrow había ido a nuestro país a difundir el mensaje bíblico y Hemingway a ver corridas de toros. El propósito de Brenan era más vasto y, sobre todo, mucho más complejo. Experto conocedor de la lengua, historia y literatura hispanas, el autor de *El laberinto español* había vivido siete años en Andalucía hasta los primeros meses de la guerra civil y su interpretación de los orígenes y causas del conflicto sigue siendo, todavía hoy, una de las más sólidas y convincentes en la materia. En *El laberinto español* (1943), Brenan había defendido con serenidad y cierta discreta reserva el punto de vista republicano. Pero cuando en 1949 se decide a visitar la Península, no se propone analizar la situación creada por la guerra civil española, sino que quiere centrar su atención en los rasgos y características esenciales del país, o, para emplear sus propios términos, en «su naturaleza más permanente». Con una objetividad que no excluye una profunda y lúcida simpatía hacia el pueblo, Brenan describe la vida española durante uno de los períodos más duros y difíciles de nuestra historia. Las páginas de su diario de viaje captan la realidad vivida por los veinte y tantos millones de españoles con la fidelidad y precisión de una cámara cinematográfi-

ca. A veces, el lector cree revivir algunas de las escenas
(personajes, comparsas, decorado) del libro de Borrow: así,
el andaluz que se lamenta de la hipocresía de los manche-
gos, el extraño escritor que desea hacerle una entrevista
para el periódico local y termina por darle un sablazo o ese
buen sacerdote que muestra orgullosamente el nuevo altar
de su capilla: «Era la última palabra en materia de juguetes
mecánicos; tenía toda clase de ingeniosos artilugios que
funcionaban cuando se apretaba un botón eléctrico. Las
luces se encendían y se apagaban; se abría una puerta y la
custodia que contenía el Santísimo Sacramento se elevaba
lentamente, *como un sol de oro*, según la expresión del
párroco, *hacia un cielo lleno de ángeles*». Pero no se trataba
de la misma España que conociera Borrow, sino de un país
traumatizado por los horrores de la guerra civil y de la
represión que le siguió y que, bajo la férrea disciplina militar impuesta por los vencedores, lucha por sobrevivir y se
esfuerza en acrecentar su potencial económico. Para penetrar en esta realidad, Brenan debe recusar el espejismo de
las apariencias. «El extranjero que recorriera la prensa
española —escribe— podría muy bien llegar a la conclu-
sión de que nada sucede, en la Península, salvo partidos de
fútbol, ceremonias religiosas y corridas de toros.» No obstante, la impresión primera y superficial es engañosa, y si
en Madrid observa que «todos los habitantes de esta ciudad
tienen dinero o simulan tenerlo» y que «las tiendas están
llenas de alimentos de lujo, hay un café o un bar a cada
pocos metros y las gentes no parecen tener otra tarea que
la de pasearse», cuando visita Andalucía advierte que «no
es posible andar por las calles de Córdoba sin quedarse
horrorizado ante tanta miseria». Las estructuras agra-
rias inmóviles siguen lastrando, como en el siglo XIX, el
desarrollo económico del país, y la debilidad de la burguesía la conduce a prolongar su alianza con las fuerzas
represivas que garantizan el necesario y cruel proceso de
acumulación capitalista. «El sistema empleado en estas

grandes propiedades [se refiere a los latifundios de Andalucía] es mantener en la nómina durante todo el año a un reducido número de trabajadores y tomar a los de más por los breves períodos que los cultivos reclaman. Por cada diez colocados de modo permanente, hay cien que están a la merced del trabajo circunstancial. Esto significa que, incluso en un buen año, un peón del campo tiene que mantener a su familia durante los doce meses con lo que gana en seis u ocho... El único poder auténtico que existe hoy en España es el dinero, y ni terratenientes ni estraperlistas ven la necesidad de hacer sacrificios para prevenir una revolución que, mientras el ejército y la policía sigan fieles, no puede producirse.» Entre los burgueses y funcionarios, de un lado, y los obreros y campesinos, de otro, existe una masa fluctuante y desamparada que acampa en un presente inhóspito y busca desesperadamente la manera de insertarse en el proceso de acumulación: «España —dice— está llena de estos desdichados, de gentes que han perdido su posición en las zonas seguras de la sociedad y merodean recogiendo las migajas que caen de las mesas de quienes han tenido más suerte que ellos... El sistema económico español es un juego de sociedad en el que sólo hay asiento para la mitad de los que juegan». Pero, al tiempo que señala las injusticias sociales y el contraste dramático entre la riqueza de algunos y la pobreza de los más, Brenan no deja de observar, con un pragmatismo que bien pudiera escandalizar a más de uno, que «la guerra civil, el hambre y el mercado negro han provocado una revolución social en la que, por toda España, las gentes de energía y determinación han pasado de la pobreza a la abundancia»; para Brenan, incluso el mercado negro tiene su lado bueno: «Como la revolución industrial en la Inglaterra victoriana, ofrece oportunidades a las personas laboriosas y emprendedoras para elevarse en la escala social».

Tras caracterizar así la sociedad española en estos terribles años de hambre y de sequía, miedo y privaciones, Brenan contrasta sus experiencias peninsulares con las de la sociedad industrial a la que él pertenece. Su sensibilidad oscila entre la acción y la contemplación, la estética y la moral: una mezcla curiosa de Bentham, Ruskin y Lawrence de Arabia. Como inglés, encuentra en España «una especie de espontaneidad que echaba de menos en mi patria. Lo que nuestro país ganaba en orden y justicia social, lo perdía en celo y vitalidad». Brenan se pregunta por qué los septentrionales tienen que acudir siempre al Sur para aprender el arte de vivir y se lamenta del filisteísmo inglés; en España, en cambio, el sentido moral soporta difícilmente los contrastes, pero no hay modo de permanecer insensible ante el encanto de las «virtudes» primitivas de la sociedad preindustrial. El dramatismo de la lucha diaria por el pan, tan evidente hoy, por ejemplo, en los países musulmanes, coloreaba aún, hace unos años, la vida de la Península. Miembro de una sociedad opulenta, el autor de *La faz actual de España* lo analiza desde un punto de vista a la vez estético y moral: «Esta búsqueda del alimento tan a la vista puede ser aflictiva, pero también, hay que reconocerlo honradamente, estimulante. Llena el ambiente de ansias y deseos. Nos sentimos muy lejos de Bournemouth y Torquay, con sus existencias letárgicas».

En la época que nos pinta, el pueblo español no había sido conquistado aún por los valores de la sociedad industrial, y el proceso de acumulación capitalista se producía en un ambiente de gran inexperiencia social, dominado todavía por los hábitos y prejuicios de una sociedad que vivía, desde siglos, al margen del rendimiento y de la técnica.

Recuerdo que hace escasamente veinte años me detuve en un bar de un pueblo de la costa alicantina (hoy llenos de snacks, night-clubs y moteles) y, como advirtiera que apenas había otra cosa en los estantes que unas botellas de coñac español, pedí una copa de éste con un poco de sifón.

—¿Qué marca prefiere? —me preguntó el dueño—. ¿Fundador?

—Bueno —dije—. Déme Fundador.

—Lo siento. Fundador no hay.

¡El extraño patrón me había propuesto la única marca de la que no disponía!

Un hecho como éste sería hoy totalmente impensable, pero, hasta mediada la década de los años cincuenta, el carácter español seguía siendo, a lo menos en las zonas no industriales, el mismo que cautivara a Borrow y Hemingway. En apariencia, gran número de españoles parecían adaptarse a los principios de utilitarismo y de rendimiento, pero interiormente se oponían a ellos y se resistían a asimilarlos.

El rasgo peninsular que atrae más a menudo la admiración de Brenan es esa vitalidad, heredada tal vez de los árabes, que hace que los españoles se abandonen al placer y al dolor «de manera más abierta y completa que cualquier otro pueblo». Vitalidad, en primer lugar, de las mujeres, que avanzan por la calle como impulsadas por las miradas de admiración masculinas, «sin las dudas ni vacilaciones que consumen a las jóvenes bonitas de Inglaterra. Saben que están donde están para ser miradas y que los hombres están donde están únicamente para mirarlas». Sus cabellos, en particular, retienen justamente la atención de nuestro visitante: «Esos grandes bucles que caen como cascadas y que luego son lavados, cepillados, peinados, recogidos, perfumados y frotados con brillantina para que rivalicen en brillo con los zapatos y las pupilas, son el índice de la enorme vitalidad animal de esta raza, una vitalidad que sería un poco tosca y monótona si no se impusiera a sí misma con tanta frecuencia una clase especial de refinamiento y melancolía». Placer y dolor, estoicismo y hedonismo: el pueblo español oscila de uno a otro sin alcanzar el equilibrio jamás. Brenan cree que «deben de ser muy pocas las almas españolas que hay en el limbo, porque la mayor desdicha para el español es la pobreza de espíritu o la carencia de sentimientos. Y, desde luego, las grandes vicisitudes por las que pasan estas gentes dejan una huella en sus caras, una huella que se advierte más porque son precisamente caras muy expresivas. Las expresiones que se observan en algunas personas de más de cincuenta años son algunas veces extraordinarias». Sobre este punto no podemos sino suscribir sus palabras: comparados con la movilidad y viveza de los rostros españoles, los de los alemanes, suizos, belgas o ingleses resultan, casi siempre, insípidos. Entre la gente de pueblo es frecuente encontrar caras de una nobleza y dignidad notables: adustas o alegres, ensimismadas o eufóricas, aun en los casos manifiestos de *cabotinage*, no se les puede negar, de buena fe, una recia y atractiva personalidad.

Brenan intenta penetrar en los recovecos y escondrijos del «alma nacional» y analizar las escabrosas relaciones del español con la religión y la muerte. La herida de la reciente guerra civil no ha cicatrizado todavía y la orgía de sangre a que se han entregado los dos bandos le lleva a interrogarse sobre esta pasión, «mitad sexual y mitad religiosa», que induce a los españoles «a asociarse con la Muerte y a trabajar para ella». En el arte religioso español es posible advertir, como dice Brenan, «el ansia indígena —cabría llamarla africana— de extraer hasta la última gota de emoción de las situaciones, de transmitir todos los sentimientos, y especialmente los sentimientos penosos, hasta el orgasmo». Pero esta característica tan hispánica se manifiesta, sobre todo, durante el ceremonial de las procesiones de Semana Santa; y, antes de decir unas palabras sobre ellas, he considerado oportuno reproducir algunos pasajes de la reseña de un periódico de Madrid de la procesión del Silencio, celebrada en la capital el Viernes Santo del año 1964:

«Madrid, una de las ciudades más alegres y bonitas del mundo, es también uno de los mayores centros de penitencia *a la antigua...*

»Diez mil kilos de hierro, distribuidos en quinientas pesadas cadenas, fueron arrastrados el viernes por los penitentes de la procesión del Silencio. La mayor parte de ellos pertenecían a la Hermandad de Cruzados de la Fe; otras, adquiridas en el Rastro al precio de trescientas o cuatrocientas pesetas, aparecieron, incontroladas, a la vera de un Cristo o de una Virgen Dolorosa. Y, por primera vez en la historia de nuestros desfiles de Semana Santa, se han tenido que alquilar cadenas en ciertas ferreterías ante la extraordinaria demanda que se produjo a última hora, precisamente cuando el tiempo amenazaba con portarse peor. Las ferreterías cobraron diez duros por el alquiler de una cadena para toda la noche del Viernes Santo. Por otra parte, se distribuyeron cinco mil cruces de madera...

»Una de estas cruces, la que va siempre detrás del Santo Cristo de la Fe, está hecha de un poste de telégrafos entero. Pesa alrededor de cien kilos y es de propiedad particular. Desde hace varios años carga con ella su piadoso dueño, que es hombre joven y de buena posición económica...

»En las tiendas de objetos religiosos de la calle de la Paz, así como en algunos conventos de clausura, se han vendido cientos de cilicios y disciplinas, por no decir millares. Los cilicios están hechos por las monjas con unos alicates, un rollo de alambre y unas tenazas. La parte que destinan al contacto con la carne aparece erizada de púas con un filo muy semejante al corte de las navajas. Los hay para colocar alrededor de un brazo, de un muslo o de la cintura.

»Las disciplinas son una especie de látigo de varias puntas, cada una de las cuales lleva unos cuantos nudos. Tales látigos sirven para castigarse y flagelarse uno mismo...

»Hay que suponer que todos los instrumentos de penitencia corporal que se han mencionado fueron utilizados con el permiso o el consejo del confesor, ya que, de otra manera, podrían resultar nocivos para la salud espiritual y física de quien los usare arbitrariamente».

Las manifestaciones religiosas más suntuosas son las de Sevilla, Málaga y Córdoba, pero al forastero que visitara por primera vez la Península durante las fiestas le aconsejaría, quizá, las procesiones del Sudeste: las de Murcia, Lorca o Cartagena. En esta última ciudad, la participación masiva del Ejército y de la Marina confiere especial solemnidad y rigidez a todas las ceremonias: los encapuchados y penitentes no se abandonan a la emoción dramática, como los sevillanos o malagueños; su estilo es más bien severo y hierático, muy de acuerdo con las imágenes de las Dolorosas demacradas y céreas, de los Cristos yacentes y exangües. El ruido de las cadenas y de las botas de los soldados cubre el murmullo afligido de las oraciones, los capirotes evocan viejos grabados de la Inquisición o fotografías recientes del Ku Klux Klan, y los pies ateridos y ensangrentados de los penitentes compiten con los clavos, lanzadas y heridas, escrupulosamente reproducidos, de las imágenes santas. En Murcia, el forastero puede presenciar aún el muy goyesco «Entierro de la Sardina» y admirar los pasos del escultor Salzillo (1707-1783), probablemente los más bellos de España. En Lorca, en fin, las procesiones toman el aspecto de extravagantes cabalgatas bíblicas: los pasos representan escenas del Antiguo Testamento y de la historia romana, y la rivalidad tradicional de dos cofradías —la de los Blancos y la de los Azules— colorea las ceremonias de un acusado tinte de paganismo. Los Cristos y las Dolorosas alternan con las figuras anacrónicas de Cleopatra y Nerón. Como en el teatro de la época isabelina, los papeles femeninos son representados por *travestis* y el conjunto escenográfico produce en el espectador una curiosa impresión de sincretismo religioso: mezcla híbrida de cristiana Cuaresma y folclórico Carnaval.

Entre las finas y atinadas observaciones de Brenan respecto al arte religioso español merecen destacarse las que hacen referencia al barroco, como esta oportuna cita extraída del brillante ensayo de Roger Fry, *A Sampler of Castile*: «En una iglesia española, la arquitectura, la escultura y la pintura son, sin excepción, accesorios del arte puramente dramático —la danza religiosa, si se quiere— de la misa. Por la superfluidad y la confusión mismas de tanto oro y resplandor, percibido a través del penumbroso ambiente, el ánimo queda exaltado y encandilado. No se incita al espectador a que mire y comprenda; se le pide que se mantenga pasivo y receptivo. Queda reducido a una condición hipnótica. ¡Qué diferente es esto del primer gótico francés o del Renacimiento italiano! En éstos, todo es luminoso, de líneas bien definidas, objetivo. El ánimo es sacado de su ensimismamiento para que contemple activamente las formas y los colores. Se trata de artes precisamente *expresivas* de las ideas artísticas; en cambio, el arte español es *impresivo* por su falta de claridad. Sus efectos son acumulativos: hace que cada arte se mezcle con los demás y que todos juntos produzcan un estado completamente distinto de la comprensión estética».

Personalmente, a mí me ha atraído siempre la profusión de mármoles de color y la abundancia de motivos ornamentales platerescos que brindan, por ejemplo, la fastuosa fachada de la catedral de Murcia o numerosas iglesias y monumentos de la ciudad de Lorca. El barroco italiano no alcanza nunca un grado semejante de concentración e intensidad y hay que ir a la hispanizada Apulia —a Lecce, Manduria, Martina-Franca— para encontrar asombrosos y exultantes portales del orden de los que he admirado más de una vez en la iglesia de la Trinidad de Alcaraz o en la capilla de la Santa Cruz de Caravaca. El sincretismo religioso de la región se revela también aquí, pues, como observa Brenan, el barroco español se inserta en las tradiciones de la artesanía árabe o mudéjar, «habituados a idear complicados dibujos lineales y aficionados a la organización de complejas ceremonias y procesiones religiosas».

Resulta imposible compendiar en estas páginas las enjundiosas observaciones de Brenan sobre una serie de tipos humanos con quienes el eventual viajero tropezaría aún hoy en cualquier ciudad o pueblo de la Península: el ex combatiente falangista, según el cual, si Franco «pudiera entrar en un café o en un bar y escuchar lo que dice la gente, el país cambiaría de la noche a la mañana», o el resistente un tanto neurótico «cuya droga no es el sexo ni la morfina, sino la política». Mayor interés tienen todavía sus consideraciones respecto al carácter netamente urbano de la civilización hispánica: en efecto, mientras en Inglaterra y los países nórdicos actúan importantes fuerzas centrífugas y hay un éxodo inverso de la ciudad al campo, la civilización española, dice Brenan, «está edificada sobre el temor y la antipatía frente a la naturaleza». Como los árabes, los españoles tienden a vivir apiñados los unos sobre los otros, y, contemplando Toledo desde uno de los miradores de la ciudad, no puede menos que exclamar: «¡Qué conejera forman sus calles, casas e iglesias! Como Fez, huele a Edad Media; como Lhasa, a monjes».

La faz actual de España data de 1949 y, hoy, la actitud de los españoles ante el paisaje empieza a modificarse. El excursionismo y el cámping, populares ya desde primeros de siglo en la industriosa y europeizada Cataluña, se han extendido rápidamente en los últimos años a las demás regiones de la Península gracias a la influencia del turismo y al espectacular aumento del parque de automóviles. Ahora, el burgués madrileño sube a respirar el aire de la sierra como el parisiense va a su *maison de campagne*. La transformación progresiva de los medios y técnicas de producción se refleja gradualmente en la conciencia social de los españoles y, aunque los problemas planteados en el siglo XIX siguen en pie, asistimos, como vamos a ver, a una brusca y ferviente apoteosis de los valores de la sociedad de consumo.

España ya no es «diferente»

Hemos hablado hasta ahora de la España anterior a 1950. Aunque sea a vuelapluma, trataremos de resumir a continuación las transformaciones acaecidas en el país en los últimos veinte años del franquismo.

Pese a la aparente inmovilidad de la superestructura política, este período pasará a la historia como uno de los más ricos y decisivos en cambios profundos, estructurales. Con gran retraso en relación a los países europeos más avanzados, España ha entrado, durante él, en el camino de la industrialización y de la moderna sociedad de consumo.

En 1949, Brenan podía escribir todavía que la impresión más duradera de su visita era lo poco que, después de todas las vicisitudes de la guerra civil y de la Segunda Guerra Mundial, había cambiado el carácter español. Hoy, difícilmente diría lo mismo. En este lapso de tiempo asistimos, de hecho, a una quiebra total del sistema de valores dominante en España desde la época de los Reyes Católicos, valores que, de modo arbitrario, fueron considerados durante siglos como inherentes a nuestro modo de ser, como esencias perennes de nuestro carácter. Toda una línea del pensamiento español, desde Quevedo hasta Unamuno y Menéndez Pidal, había decretado que los españoles, por el mero hecho de serlo, poseían un destino particular y privilegiado, ajeno a las leyes sociales y económicas del mundo moderno. Fundándose en una concepción metafísica del hombre, pretendían elaborar una imagen del español distinta de la de los demás seres humanos: la de un ser sediento de absoluto, preocupado, ante todo, por la muerte. El hecho de que, a lo largo del siglo XIX, las regiones más dinámicas de la periferia (Cataluña, Vascongadas, Asturias) se hubiesen plegado sucesivamente al modelo europeo no conmovía a estos escritores, contagiados del inmovilismo fascinador de la meseta castellana y de su proverbial impermeabilidad histórica. Para ellos, y para muchos españoles y europeos, el *Homo hispanicus* no era ni podría devenir nunca el *Homo economicus*.

En cierto modo, las circunstancias parecían darles la razón. Hasta hace pocos años, el español desconocía o rechazaba la ética de la productividad. Como la mayoría de los pueblos subdesarrollados, reaccionaba frente al utilitarismo de las sociedades industriales con una mezcla ambigua de envidia y desprecio. Pero, hoy, su mentalidad experimenta una profunda metamorfosis. Mientras el contacto con Europa ha abierto los ojos a varios millones de trabajadores allí emigrados, el turismo ha cumplido una función idéntica en el interior de nuestras fronteras. Año tras año, los extranjeros que regularmente nos visitan habrán comprobado que, paralelamente a la inevitable subida de precios, las relaciones humanas con los indígenas se «deterioran». Con la excitación y las prisas del último comensal llegado al banquete, éstos procuran atrapar como pueden el tiempo perdido y se esfuerzan en alcanzar rápidamente el nivel técnico y social que los demás pueblos europeos han conquistado pacientemente como resultado de una experiencia lenta e ininterrumpida. Gracias al turismo y a la emigración, el español ha descubierto los valores de las sociedades más avanzadas y los cultiva con celo de neófito. Enriquecerse, ascender, avanzar sin tener en cuenta los obstáculos, tales son las normas de la nueva religión que, cada año, gana centenares de miles de adeptos. Esta indispensable transformación ética, que ni la Reforma luterana del siglo XVI ni la revolución industrial del siglo XIX lograron imponer en España, el turismo la ha generalizado en menos de cuatro lustros, sin necesidad de violencias ni sangre.

La raíz histórica del problema debemos buscarla en el esclarecedor análisis de Américo Castro de la conciencia tricéfala —cristiana, musulmana y judía— de los españoles y de la formación de su carácter nacional bajo la influencia del prestigio del Al-Andalus y de la convivencia social de las tres castas. «Desde el siglo XV —escribe Castro—, el conflicto de las castas comenzó a trazar la figura que los españoles han ofrecido en la época moderna... el prurito castizo de los cristianos viejos actuó como elemento corrosivo y disolvente; el capitalismo y la técnica —el comercio y la industria— se hicieron imposibles dentro de la Península... Las actividades comerciales, industriales y bancarias convertían, sin más, en *judíos* a quienes se ocupaban en ellas... Los españoles interrumpieron esa clase de actividades a fines del siglo XVI, por juzgarlas perniciosas para la pureza castiza que había hecho posible su expansión imperial... Era más esencial para ellos la honra de sus personas que la acumulación de riquezas que ponían en duda su cristiandad vieja... Una riqueza secularizada y de clase media era la de los españoles judíos, una riqueza tenida por vil... En lugar de Contrarreforma, la contraofensiva de los hidalgos debería llamarse Contrajudería.» En estos últimos años asistimos, pues, a un verdadero proceso de «rejudificación» de España, de cuyos efectos no podemos sino congratularnos.

Hasta 1955, aproximadamente, la inmensa mayoría de los españoles no tenía la posibilidad material de abandonar el país: las autoridades exigían un salvoconducto para viajar de una ciudad a otra y el pasaporte era privilegio exclusivo de una afortunada minoría. Una campaña psicológica bien orquestada ponía en guardia contra la influencia nociva de lo extranjero. La cuarentena impuesta al

régimen franquista por los acuerdos de Potsdam, el cierre
de la frontera francesa, la retirada de los embajadores
favorecían la natural xenofobia de las clases conservado-
ras, xenofobia alimentada por el gobierno de las pasadas
glorias y el papel «funesto» de Francia e Inglaterra en la
decadencia y ruina de nuestro Imperio. En esta época se
prohibía el empleo de nombres extranjeros para comercios, cines, bares, etc., y la prensa subrayaba machacona-
mente las diferencias «insalvables» que, según ella, existi-
rían *in aeternum* entre España y las demás naciones de
Europa.

A partir de 1960, el franquismo, con la habilidosa
capacidad de adaptación que le caracterizaba, sobrevivió
en gran parte gracias al aporte financiero de aquellos
europeos contra quienes nos prevenían unos pocos años
antes. Y con ese radicalismo español tan característico,
se pasó de la política de «espléndido aislamiento» defen-
dida por él a abrir las fronteras a dos millones de españoles justamente insatisfechos de las condiciones de vida
reinantes en España y a acomodar a los imperativos y
exigencias de la nueva y próspera industria turística su
gigantesco aparato de propaganda. Todo ello, preciso es
admitirlo, sin maquiavelismo ni premeditación algunos.
Cuando sus principios contradecían las realidades, el
régimen de Franco sacrificó siempre los principios con
desconcertante facilidad.

Poco a poco, mediante la doble corriente de forasteros y
emigrantes, expatriados y turistas, el español ha aprendi-
do, por primera vez en la historia, a trabajar, comer, viajar,
explotar comercialmente sus virtudes y defectos, asimilar
los criterios de productividad de las sociedades industriales, mercantilizarse, prostituirse y todo eso —paradoja
extrema de una tierra singularmente fértil en burlas san-
grientas y feroces contrastes— bajo un sistema originariamente creado para impedirlo. El hecho es significativo
como índice de la dinámica actual del pueblo español.

Obligado a aceptar el *fait accompli*, el franquismo procuró sacar, como es natural, el mayor provecho a una situación que no había previsto y que, en definitiva, escapaba a sus manos.

Un cambio de mentalidad tan brusco no se lleva a cabo sin contradicciones ni sobresaltos. Si el fenómeno de la «mercantilización» de las relaciones humanas es, en líneas generales, positivo, su aplicación práctica trae consigo, como vamos a ver, una serie de consecuencias que lo son mucho menos: la improvisación, el mimetismo, la falta de autenticidad se manifiestan hoy en todos los órdenes de la vida española. El español quiere comportarse como el europeo que le visita sin tener aún los medios ni, sobre todo, el entreno social necesarios. De ahí que, copiando los modales extranjeros en su aspecto más aparente y superficial, su imitación degenere a menudo en caricatura.

En restaurantes, hoteles, comercios, oficinas, despachos públicos, este desentreno social se traduce en improvisación, ineficacia, torpeza, confusionismo. Sorprendido por el maná caído del cielo, el español se enfrenta a la nueva situación sin una preparación moral y social adecuadas. En los últimos quince años, el país ha perdido la mayor parte de las características de la sociedad preindustrial, sin alcanzar por eso las ventajas materiales y técnicas de las sociedades más ricas. En la fase actual de nuestra historia, los clisés válidos durante siglos envejecen rápidamente.

La inautenticidad, el mimetismo dominan hoy la escena española. Tenemos, por ejemplo, nuestras costas. En las playas solitarias del Sur, junto a aldeas y pueblos pacientemente construidos siglo a siglo, improvisados bloques de viviendas, hoteles estándar rompen la armonía antigua y desmienten la belleza que motivara originariamente el actual *boom* económico. Lo viejo se sobrepone a lo nuevo sin continuidad ni equilibrio. En lugar de una evolución progresiva asistimos a un trastorno brusco de todos los hábitos sociales y mentales. En lo moral, como en lo económico, pretendemos quemar las etapas sin tener en cuenta que ni las estructuras ni las costumbres pueden cambiarse de la mañana a la noche. Nuestro comportamiento deja de ser auténtico y se convierte en una copia triste y un tanto forzada. Los españoles de hoy hemos perdido nuestra identidad secular sin habernos forjado todavía una personalidad definida y nueva.

En lo exterior, las apariencias no han cambiado y los atributos del «alma española» fascinan y seguirán fascinando a nuestros visitantes: los toros, el cante flamenco, el ceremonial religioso, el donjuanismo, etc. Pero desengañémonos. Obligados a mantenerlos y exhibirlos por las necesidades del turismo, los españoles empiezan a dudar interiormente de ellos. En la película *Bienvenido, Mr. Marshall*, los habitantes de un pueblo castellano se disfrazaban de andaluces para embaucar a los americanos y conseguir sus divisas. Hoy, este disfraz es una realidad: de Galicia al País Vasco, de Navarra a Cataluña, el estilo y folclore «andaluces» campan por sus respetos, ofreciendo al turista la imagen convencional y típica de la España que le atrae.

Los millones de extranjeros que visitan la Península la contemplan ya a través del telón alienador de la moderna sociedad de consumo. Anuncios, reclamos, estaciones de gasolina, snacks y moteles se alinean a lo largo de las principales carreteras y ocultan poco a poco el paisaje natural. La *dolce vita* europea se da cita en las playas de la Costa Brava y Mallorca, Alicante y Torremolinos y, simultáneamente, la fisonomía tradicional de Castilla se transforma y hasta la remota y olvidada Almería lleva camino de convertirse en un centro cinematográfico de primer orden. El forastero podrá apreciar el sol y el cielo luminoso del país y admirar, según sus gustos, el arte románico catalán y los Goyas del Museo del Prado, los monumentos islámicos de Andalucía y Ávila, El Escorial y Toledo; bañarse en las hermosas playas del Sur y presenciar corridas de toros y procesiones de Semana Santa; pero hallará difícilmente, a lo menos en las zonas más avanzadas, la razón de este *Spain is different* que tanto pregonó la propaganda oficial. No, España no es aún Europa, pero lleva camino de serlo y, para bien o para mal, ha roto sus amarras con la vieja y soñolienta España.

De cara al futuro

Con la muerte del dictador en 1975, el panorama político del país ha sufrido grandes transformaciones. En su testamento al pueblo español, Franco aseguraba haber dejado todo «atado y bien atado» para continuar su gobierno desde la tumba. Pero, a diferencia de la obra teatral del Siglo de Oro titulada *Reinar después de morir*, la historia se ha burlado de sus propósitos.

Dos años después de su fallecimiento —antes de referirme al actual proceso de liquidación de la dictadura—, quisiera extenderme, aunque sea brevemente, sobre lo que ha significado su existencia para dos generaciones completas de españoles: los que éramos niños durante la guerra civil y los que nacieron en la inmediata posguerra.

Tal vez, la característica distintiva de la época que nos ha tocado vivir haya sido ésta: la imposibilidad de realizarnos en la vida libre y adulta de los hechos, de intervenir de algún modo en los destinos de la sociedad fuera del canal trazado por él de una vez para siempre, con la consecuencia obligada de reducir la esfera de acción de cada cual a la vida privada o empujarle a una lucha egoísta por su bienestar personal y sometida a la ley del más fuerte. No se me oculta que la mera posibilidad de resolver el problema económico inmediato, por injusto y cruel que haya sido el procedimiento seguido para obtenerla, sea una mejora considerable respecto a las condiciones imperantes en la sociedad hispana de antes de la guerra, y preciso es reconocer que, disociando los términos de libertad y bienestar, gran número de españoles se han acomodado relativamente bien a un «progreso» que desconocía la necesaria existencia de libertades. Pero, para los hombres y mujeres de dos generaciones sucesivas, más o menos dotados de sensibilidad social y moral, y para quienes la libertad de medrar o enriquecerse de forma más o menos honesta no podía satisfacer en modo alguno sus aspiraciones de equidad y justicia, las consecuencias del sistema han sido de un efecto devastador: un verdadero genocidio moral. Ante la imposibilidad material de enfrentarse con el aparato represivo institucionalizado por él, todos nos hemos visto abocados, en un momento u otro de nuestra vida, con el dilema de emigrar o transigir con una situación que exigía de nosotros silencio y disimulo, cuando no el abandono suicida de los principios, la resignación castradora, la actitud cínica y desengañada. Exilio, silencio, dimisión o *wishful thinking*, trocado a la larga en mitomanía: años y años de dolor, frustración y amargura mientras —a menudo por razones que poco tenían que ver con su clarividencia personal y aun con la coyuntura propiamente española— el panorama del país se transfiguraba; fábricas, bloques de viviendas y complejos turísticos destruían el paisaje ancestral, ríos de automóviles llenaban calles y carreteras y la renta nacional brincaba en diez años de 400 a 2.000 dólares per cápita.

Sólo él no cambiaba: Dorian Gray en los sellos, diarios o enmarcado en los despachos oficiales, en tanto que los niños se volvían jóvenes, los jóvenes alcanzaban la edad adulta, los adultos perdían cabellos y dientes y quienes, como Picasso o Casals, juraron no volver a España el tiempo en que él viviera bajaban al sepulcro lejos de la tierra en que nacieron y donde normalmente hubieran podido vivir y expresarse.

Su pragmatismo político, fundado en un corto número de premisas simples, del orden de las que figuran en su testamento —fue, como leí recientemente, el «único táctico en un país de estrategas»—, no presuponía lealtad ideológica alguna fuera de la pura obediencia. La escala oficial de virtudes y méritos se medía tan sólo en proporción a la fidelidad a su persona. Ello creaba por consecuencia —junto a una minoría corrupta que acaparaba celosamente para sí los beneficios y prebendas— una enorme masa de ciudadanos sometidos a una perpetua minoría legal: imposibilidad de votar, comprar un periódico con diferentes opiniones que el gobierno, leer un libro o ver una película no censurados, asociarse con otros ciudadanos disconformes, protestar contra los abusos, sindicarse.

Inmensos potenciales de energía que, al no verterse por los cauces creativos habituales, se transformaban inevitablemente en neurosis, malevolencia, alcoholismo, agresividad, impulsos suicidas, pequeños infiernos privados. Algún día, la psiquiatría española deberá analizar seriamente los resultados de esta tutela maligna sobre una masa de adultos constreñidos a soportar una imagen degradada de sí mismos y asumir ante los demás una conducta inválida, infantil o culpable. Las represiones y tabúes, los hábitos mentales de sumisión al poder, de aceptación acrítica de los valores oficiales que hoy nos condicionan no se desarraigarán en un día. Enseñar a cada español a pensar y a actuar por su cuenta será una labor difícil, independientemente de las vicisitudes políticas del momento. Habrá que aprender poco a poco a leer y escribir sin miedo, a hablar y escuchar con entera libertad. Un pueblo que ha vivido casi cuarenta años en condiciones de irresponsabilidad e impotencia, es un pueblo necesariamente enfermo, cuya convalecencia se prolongará en razón directa a la duración de su enfermedad.

Pretender, como pretenden hoy algunos, que el régimen franquista es un fenómeno del pasado basándose en el hecho de que el nombre de su fundador ha desaparecido casi no sólo de las conversaciones públicas y privadas, sino también de la televisión, la radio, las revistas y los diarios, me parece tan abusivo como engañoso. Los pueblos, como los individuos, se inclinan a correr un tupido velo sobre aquellos períodos del pasado con los que han dejado de identificarse, sin curarse por ello del trauma sufrido. Los alemanes dejaron de hablar, de la noche a la mañana, de los horrores del hitlerismo, y los franceses, de las páginas poco gloriosas de la ocupación, mientras que los soviéticos exorcizaron sus demonios estalinianos con la panacea ilusoria del llamado «culto a la personalidad». Dichos traumas, cuidadosamente enterrados, prosiguen, con todo, su labor de zapa, como nos muestra la actual floración de libros y films franceses sobre los tiempos de Vichy y la resignación de un gran sector popular al nuevo orden impuesto por los nazis.

No obstante, los cambios operados en los tres últimos años son reales y explican la dinámica y aceleración crecientes del proceso democrático. Tal vez el rasgo más significativo del mismo haya consistido en la liberación del discurso político: el hecho de que España haya recuperado la voz y los españoles hayan dejado de ser un pueblo de mudos, ensordecidos por su largo, sempiterno silencio.

Quien tuviere el ocio y curiosidad de hojear los archivos de la prensa española correspondientes a los ocho primeros meses de 1868 para contrastarlos a continuación con los del período que siguió al golpe militar de dicho año, que derrocó a Isabel II, tropezaría con un fenómeno de acromatopsia del que, desde la muerte de Franco, todos somos conscientes: el paso brusco de la prensa «gris», de un país en el que aparentemente no sucede nada, a una prensa en «tecnicolor», que nos revela que sí está pasando algo; de unos laboriosos ejercicios de escritura en los que los plumíferos de la época emulaban en el noble arte de la oquedad sonora, la inanidad prolija, vagarosa y gárrula, a una sorprendente avalancha de informaciones sobre hechos y problemas reales y concretos; de artículos y crónicas sopo-

ríferos sobre el invierno, los gatos, las castañeras, las ventajas e inconvenientes del sombrero y *tutti quanti* a edito-
riales y llamamientos donde se habla de libertad, derechos,
partidos, elecciones, democracia. Acromatismo impuesto
por decreto, semejante al que en las últimas décadas inten-
taba acreditar la versión oficial, inmovilista, de que la
actualidad de la desdichada Península se reducía a una
ronda fantasmal de discursos, inauguraciones, desfiles,
procesiones religiosas, partidos de fútbol, corridas de toros.

En uno y otro caso, la lectura contrapuesta de nuestros periódicos y revistas a partir de la línea divisoria del
pronunciamiento antiisabelino o la muerte del general
Franco nos descubre un hecho de incalculables consecuencias: el escándalo moral de haber vivido una larga e
invisible ocupación sin cascos, fusiles ni tanques; ocupación no de la tierra, sino de los espíritus, mediante la
expropiación y secuestro por unos pocos del poder y ejercicio de la palabra. Años y años de posesión ilegítima y
exclusiva destinada a vaciar los vocablos de su genuino
contenido —evocar la libertad humana cuando se defendía la censura, la dignidad y la justicia en materia de sindi-
catos «verticales»— a fin de esterilizar la potencia subver-
siva del lenguaje o convertirlo en instrumento dócil de un
discurso voluntariamente amañado, engañoso y adorme-
cedor. Monopolio del habla y escritura en manos de pseu-
dopolíticos, pseudosindicalistas, pseudocientíficos, pseu-
dointelectuales, pseudoescritores que, dentro del búnker
franquista, tiemblan hoy de pánico y sacrosanta indignación al observar que sus presuntas verdades intangibles
son objeto de discusión, que sus privilegios arbitrarios son
puestos en tela de juicio, que atentar a sus rancios dogmas
ha dejado de ser sacrílego: miedo, indignación, cólera
ciega que, a nivel popular, entre la actual masa de lectores
sedientos y ávidos, se traduce en sentimientos de sorpresa,
incredulidad, maravilla al presenciar la caída estrepitosa
de los ídolos, el encierro de los bueyes procesionales, el

eclipse paulatino de los zombis, el retiro anticipado de tantos y tantos santones enmedallados. Cambio gradual que,
día a día, pulgada a pulgada, abre nuevas brechas y grietas
en la vetusta cárcel verbal erigida por la censura, desarti-
cula la rígida camisa de fuerza que paralizaba a los diarios, permite la entrada de oxígeno y aire fresco en los
sufridos pulmones de la gran masa.

Todos conocemos los efectos de dicho sistema opresivo
en nuestra propia conciencia: los vocablos suprimidos, las
críticas informuladas, las ideas ocultas o expresadas con
cautela que se almacenan en el pecho, el corazón y la sangre hasta intoxicarnos; la defensa pasiva contra la palabra
monopolizada en forma de bromas y chistes de café, nuestra triste y eterna válvula de escape. Frente a tal situación
de envenenamiento y asfixia, el sistema actual significa el
reajuste del lenguaje a los hechos, el fin de la continua y
penosa esquizofrenia de vivir día tras día entre dos planos
distintos e inconciliables.

Si Franco resucitara hoy, regresaría horrorizado a la
tumba al descubrir que el rey escogido por él ha resultado
ser el liquidador oficial de su propio legado: los partidos
políticos y organizaciones sindicales han vuelto a la legali-
dad; España ha conocido sus primeras elecciones libres
desde 1936; Cataluña y el País Vasco se hallan en el proceso de recuperar los gobiernos autónomos establecidos
durante la Segunda República y abolidos al final de la guerra. La composición del actual Parlamento —en el que la
izquierda es parte importante— muestra que el panorama
político español se asemeja mucho al que existía hace
cuarenta años: es decir, que la larguísima dictadura franquista no ha resuelto nada. Los problemas que asediaron a
la República y ocasionaron su caída siguen todavía pendientes.

La antigua injusticia social permanece y, tarde o tem-
prano, los españoles deberán acometer la empresa insos-
layable de remediarla. A pesar de los innegables progresos

que han convertido hoy a España en la décima potencia industrial del mundo, la herencia del pasado pesa aún con gran fuerza. Como dice justamente Pierre Vilar, *«il existe toujours des latifundia et des minifundia, des hommes sans terre, des terres sans hommes et des terres où tous s'entassent»*; los próximos años serán decisivos para el porvenir del país y, para tomar la expresión del historiador francés, *«il n'existe pas un homme, aujourd'hui, qui ne se sente un peu solidaire de son destin»*.

Índice

Otros títulos publicados

Este libro se terminó de imprimir
en el mes de abril de 2002 en los
talleres de A & M Gràfic, S.L.,
Santa Perpètua de Mogoda, Barcelona.